topfit
Deutsch

Grammatik und Zeichensetzung 1 für die Jahrgangsstufen 5/6

Herausgegeben von Christiane von Schachtmeyer
Verfasst von Sonja Krack
Unter Beratung von Gerhard Schoebe

Oldenbourg

Textquellenverzeichnis

S. 28: Romulus, Das Rebhuhn und der Fuchs. In: Antike Fabeln. Eingeleitet und neu übertragen von Ludwig Mader. Artemis & Winkler Verlag, Zürich 1951

S. 43, 93: Michael Ende, Momo. (Schulausgabe mit Materialien), Stuttgart – Wien: Thienemann Verlag GmbH 1993, S. 58

S. 53, 85f., 95, 101: Mark Twain, Die Abenteuer des Tom Sawyer. Deutsch von Ulrich Johannsen. Hamburg: Dressler Verlag 1999, S. 55f., 74f. (verändert und bearbeitet von Sonja Krack)

S. 62f., 97: Christoph Kolumbus: Schiffstagebuch. Übersetzt von Roland Erb. Reclam Verlag, Leipzig 1980

Redaktion: Anne-Kathrein Schiffer
Illustration: Margit Pawle, München
Umschlagkonzept: Mendell & Oberer, München
Umschlaggestaltung und Layoutkonzept: Erasmi + Stein, München

www.cornelsen.de

1. Auflage, 7. Druck 2021

Alle Drucke dieser Auflage sind inhaltlich unverändert und können im Unterricht nebeneinander verwendet werden.

Druck: H. Heenemann, Berlin

ISBN 978-3-637-00099-5

PEFC
PEFC/04-31-1156

PEFC zertifiziert
Dieses Produkt stammt aus nachhaltig bewirtschafteten Wäldern und kontrollierten Quellen.

www.pefc.de

Sehr geehrte Kollegin, sehr geehrter Kollege,

die Reihe *topfit Deutsch* besteht aus Übungsheften zu den Bereichen „Grammatik und Zeichensetzung", „Rechtschreiben" sowie „Argumentieren" und „Lesekompetenz".
Die Hefte sind für die Verwendung in Ihrem Unterricht konzipiert und sind **lehrwerksunabhängig** aufgebaut. Sie können als **begleitendes Zusatzmaterial** zu dem in Ihrer Schule eingeführten Lehrwerk, aber z.B. auch für Hausaufgaben oder für die Vorbereitung von Klassenarbeiten/Schulaufgaben genutzt werden.
Die Hefte verzichten aus diesem Grund weitgehend auf die Abbildung des jeweiligen Regelwerks, greifen dies aber z.B. bei anspruchsvollen grammatischen oder rechtschriftlichen Phänomenen wieder auf.

Mit *topfit Deutsch* können Sie
- eigenverantwortliches Arbeiten (über Methoden und Möglichkeiten der Selbstkontrolle) trainieren,
- an Stationen und Werkstätten arbeiten,
- für so genannte Vergleichsarbeiten/zentrale Leistungsüberprüfungen üben,
- in Einzel- und Partnerarbeit unterrichten.

Und so sind die Hefte aufgebaut:

Einstiegs-/Wiederholungstest

Die Hefte „Grammatik und Zeichensetzung 1-3" und „Rechtschreiben 2-3" beginnen jeweils mit einem kleinen Einstiegstest, der bereits gelernte Fachinhalte aufgreift und den Lernstand der Schülerinnen und Schüler darlegt.

Übungseinheit, z.B.: Verben konjugieren

Die Übungseinheiten bieten Trainingsmaterial zu allen lehrplanrelevanten Inhalten des jeweiligen Bereichs an.
Die Übungen folgen in der Regel der **Methodik des Dreischritts**:
1. Erkennen des Phänomens
2. Üben des Phänomens
3. Vertiefendes Üben des Phänomens in größerem Zusammenhang

Die Übungen bauen in ihrem Schwierigkeitsgrad aufeinander auf, können aber unabhängig voneinander durchgenommen werden.

Gesamtübung

Am Ende einer Einheit werden in der Regel alle trainierten Phänomene in einer Gesamtübung wiederholend vertieft und somit gesichert.

Heraustrennbarer Lösungsteil

Ein heraustrennbarer Lösungsteil dient der Überprüfung und kann zur Selbstkontrolle durch die Schülerinnen und Schüler herangezogen werden.

Die vorgeschlagenen Jahrgangsstufen verstehen sich als Empfehlungen.

Wir wünschen Ihnen einen abwechslungsreichen und entspannten Unterricht!

Die Herausgeberin und die Autoren von *topfit Deutsch*

Grammatische Fachausdrücke

Diese Fachausdrücke kennst du vielleicht aus der Grundschule.	**Fachausdrücke in der Sekundarstufe I**	**Beispiele**

Wortarten

Diese Fachausdrücke kennst du vielleicht aus der Grundschule.	Fachausdrücke in der Sekundarstufe I	Beispiele
Namenwort (Nomen/Substantiv) Einzahl Mehrzahl 1. Fall = Wer-Fall 2. Fall = Wessen-Fall 3. Fall = Wem-Fall 4. Fall = Wen-Fall Begleiter (Artikel)	Substantiv/Nomen Singular Plural Nominativ Genitiv Dativ Akkusativ Artikel	Bruder, Schwester, Kind Bruder, Schwester, Kind Brüder, Schwestern, Kinder der Bruder des Bruders dem Bruder den Bruder *der* (Bruder), *die* (Schwester), *das* (Kind) *ein* (Bruder), *eine* (Schwester), *ein* (Kind)
Tunwort (Verb) Grundform Gegenwart (Präsens) 1. Vergangenheit (Präteritum, Imperfekt) 2. Vergangenheit (Perfekt) Zukunft (Futur)	Verb Infinitiv Präsens Präteritum Perfekt Futur	sagen, rufen sagen, rufen ich sage, ich rufe, du sagst usw. ich sagte, ich rief usw. ich habe gesagt, ich habe gerufen usw. ich werde sagen, ich werde rufen usw.
Wiewort (Adjektiv) Grundstufe Höherstufe Höchststufe	Adjektiv Positiv Komparativ Superlativ	schnell, kräftig, lang schnell schneller der schnellste (Läufer)
Fürwort (Pronomen)	Pronomen	ich, du, er, sie, es, wir usw.
Bindewort	Konjunktion	und, wenn, weil, dass, damit

Satzglieder

Diese Fachausdrücke kennst du vielleicht aus der Grundschule.	Fachausdrücke in der Sekundarstufe I	Beispiele
Satzgegenstand (Subjekt)	Subjekt	Meine Freundin sagte mir ihre Meinung.
Satzaussage (Prädikat)	Prädikat	Meine Freundin sagte mir ihre Meinung.
Satzergänzung (Objekt) Satzergänzung im 3. Fall Satzergänzung im 4. Fall	 Dativobjekt Akkusativobjekt	 Meine Freundin sagte mir ihre Meinung. Meine Freundin sagte mir ihre Meinung.
Ortsangabe **Zeitangabe**	Adverbiale des Ortes Adverbiale der Zeit	Wir saßen auf einer Bank. Danach gingen wir ins Haus.

1 Die Wortarten in der Salatschüssel kennst du sicher schon aus der Grundschule. Sortiere die Wörter nach Wortarten und schreibe sie unter die passende grammatische Bezeichnung.

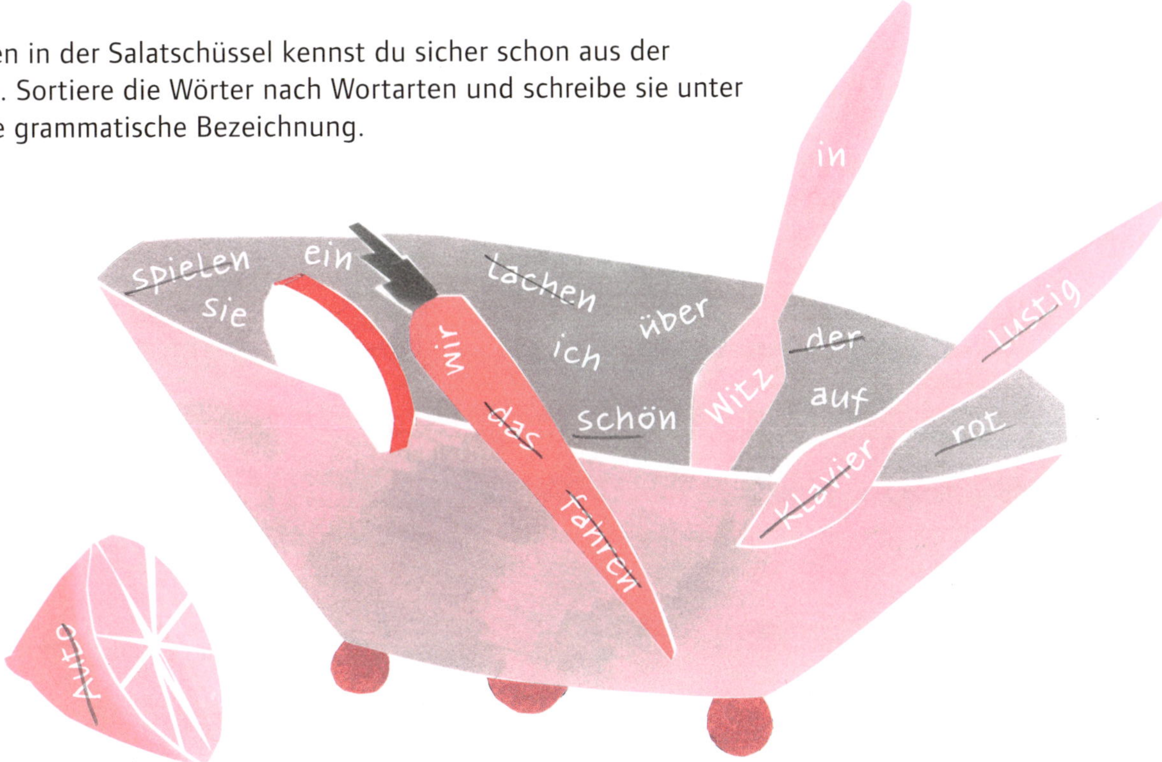

Verben geben Tätigkeiten, Vorgänge und Zustände an.

spielen

Substantive/Nomen benennen Lebewesen, Eigennamen, Pflanzen, Dinge und Abstraktes.

Auto

Artikel begleiten die Substantive/Nomen.

der

Präpositionen sind Verhältniswörter.

in

Adjektive benennen Eigenschaften von Lebewesen, Dingen, Abstraktem und die Art von Vorgängen.

lustig

Personalpronomen können Substantive/Nomen ersetzen.

ich

2 Bilde zwei Sätze aus den vorgegebenen Wörtern.
Verwende bei jedem Satz jede Wortart mindestens einmal.

Ich fahre in einem roten Auto.

Verben erkennen

Verben erkennen – Was tue ich in der Schule?

1 Kreise mit einem blauen Stift in dem folgenden Buchstabengitter alle Tätigkeiten ein, die du aus der Schule kennst. Es sind genau zwölf Tätigkeiten.
Achtung: Umlaute (*ä,ö,ü*) werden *ae, oe, ue* geschrieben. Die Wörter stehen waagerecht und senkrecht.

A	B	S	C	H	R	E	I	B	E	N
C	D	P	E	F	G	I	L	I	E	F
Z	E	I	C	H	N	E	N	U	S	S
W	I	E	R	E	S	E	E	M	R	I
T	O	L	E	S	E	N	L	J	P	N
E	E	E	C	S	A	T	Z	E	N	G
F	J	N	H	E	G	U	A	G	L	E
G	H	J	N	N	J	R	E	F	H	N
M	A	L	E	N	K	N	H	I	O	J
A	K	A	N	Y	L	E	L	U	E	H
S	F	U	M	A	M	N	E	T	R	R
W	G	F	H	A	N	A	N	S	E	T
H	U	E	P	F	E	N	S	D	N	Z
T	R	N	B	C	N	D	W	H	D	S

Wortarten erkennen und richtig schreiben – der erste Schultag

2 Schreibe den Text in korrekter Groß- und Kleinschreibung ab.
Unterstreiche dann alle Verben blau.

AM ERSTEN SCHULTAG TREFFEN SICH ALLE FÜNFTKLÄSSLER IN DER AULA. SIE LERNEN IHRE LEHRER UND IHR KLASSENZIMMER KENNEN. SCHON IN DER PAUSE SPIELEN ALLE IM PAUSENHOF FANGEN. AN DIESEM TAG BEKOMMEN SIE KEINE HAUSAUFGABEN, VERGNÜGT VERLASSEN DIE KINDER AM MITTAG DIE SCHULE UND ERZÄHLEN IHREN ELTERN VON DIESEM SCHÖNEN ERSTEN SCHULTAG.

Am ersten Schultag treffen sich

Verben ergänzen – Tätigkeiten im Sportunterricht

3 Ergänze die Tätigkeiten, die im Sportunterricht vorkommen.

mit dem Seil hüpfen

eine Strecke

einen Ball

zu Musik

Fußball

über Hürden

ein Tor

im Wasser

Versteckte Verben erkennen und fehlende Verben einsetzen

Versteckte Verben – Fachbegriffe aus dem Schulleben

1 In jedem der folgenden Substantive/Nomen versteckt sich ein Verb. Schreibe es auf die freie Zeile.

Klassenfeier	feiern	Sitzkreis	sitzen
Hausaufgaben	aufgeben	Wochenplan	planen
Schreibtisch	schreiben	Lesetext	lesen
Lehrerzimmer	lehren	Schulausflug	schulen
Klassentreffen	treffen	Sprechtag	sprechen
Unterrichtsstunde	unterrichten	Schulspiel	spielen
Übung	üben	Radiergummi	radieren

Verben einsetzen und umformen – zu spät in der Schule

2 Schreibe den Text auf die freien Zeilen. Setze dabei die Verben aus dem Wortspeicher an den passenden Stellen ein. Achte auf die richtige Verbform.

„Oje, jetzt es schon fünf vor acht! Hoffentlich ich noch rechtzeitig in die Schule. In der ersten Stunde wir Kunst, da ich auf keinen Fall zu spät. Doch was das? In der Schule noch kein Licht. Wie das sein? Komisch, auf der Schuluhr es erst sieben Uhr. Jetzt es mir ein, heute die Zeit umgestellt und ich eine Stunde zu früh!"

mögen · brennen · sein · fallen · werden · haben · können · kommen · sein · sein · kommen · sein

Infinitive bilden

Vokabeln richtig lernen

1 Umrahme im Text zum Vokabeltraining alle Verben blau.
Schreibe sie dann im Infinitiv auf die freie Zeile.

Man wählt zunächst sieben Vokabeln aus. auswählen

Man schaut sich die Wörter genau an und spricht sie laut aus. ______

______

Dann schreibt man die neuen Wörter auf Karteikarten. ______

Auf der Rückseite notiert man die Übersetzung. ______

Zum Einprägen nimmt man die Karteikarten und mischt sie. ______

______

Weiß man ein Wort, wird die Karteikarte zur Seite gelegt. ______

______

Die restlichen Kärtchen werden wiederholt, ______

solange, bis man alle Vokabeln weiß. ______

Durch Verben Aufforderungen formulieren – der Imperativ

2 Markiere die Verben in den Aufforderungen der Lehrerin blau und forme die Sätze in die Befehlsform (Imperativ) um.

Hausaufgaben aufschreiben
Vokabeln bis übermorgen lernen
Auf die Aussprache achten
Jetzt fragen, falls man etwas nicht weiß

Schreibt euch die Hausaufgaben auf!

______

______

______

Substantive/Nomen sind Namengeber

Substantive/Nomen erkennen und einordnen – Momo

1 Umrahme im folgendem Text alle Substantive/Nomen rot.
2 Zur Wiederholung: Umrahme alle Verben blau.

Wer ist dieses Mädchen?

Ein kleines Mädchen verzaubert alle Menschen, die ihm begegnen, und das ohne große Mühe. Sie tauchte eines Tages am Rande einer großen Stadt auf und lebte fortan in einer alten Theaterruine. Ihr Aussehen war etwas seltsam, sie hatte wilde, dunkle Locken, ihre Augen waren ebenfalls schwarz, genau wie ihre Füße. Das Kind trug einen alten Rock und eine viel zu große Männerjacke. Ihr Zuhause befand sich unter der Bühne dieser Ruine. Dort empfing sie ihre Besucher, die häufig vorbeikamen, um dem kleinen Menschenwesen ihre Erlebnisse zu erzählen. Denn zuhören konnte das Kind ganz besonders gut und jeder fühlte sich besser, wenn er seine Geschichte erzählt hatte. Die Leute mochten das seltsame Kind, das immer Zeit hatte und durch seine Ausstrahlung alle verzauberte. Sie brachten ihr, was sie entbehren konnten: Essen, Kleidung und ein altes Radio. Häufig feierten sie zusammen Feste und schon bald wollte niemand mehr auf die merkwürdige Bewohnerin verzichten. Ganz besonders nicht Beppo, der Straßenfeger.

3 Ordne die Substantive/Nomen in die richtige Spalte der Tabelle ein.

Lebewesen	Gegenstände	abstrakte Begriffe
Mädchen,	Rand, Stadt,	Mühe,

Aus Verben kann man Substantive/Nomen bilden – mehr von Momo

4 Umrahme die Verben blau und bilde aus den Verben Substantive/Nomen.

a) Die Menschen besuchen Momo. Die Menschen sind Momos Besucher.

b) Das Mädchen bewohnt eine Ruine. Sie ist ____________________

c) Momo hört den Menschen gut zu. Sie ist ____________________

d) Die grauen Herren wollen Momo rauben. Sie sind ____________________

e) Am Ende wird Momo aber gerettet. Am Ende gibt es eine ____________________

Substantive/Nomen können aus mehreren Wörtern zusammengesetzt sein

5 Zerlege die zusammengesetzten Substantive/Nomen, indem du den Sinn erklärst.

a) Zauberkraft Kraft durch Zauber

b) Zeiträuber ____________________

c) Lockenmähne ____________________

d) Straßenfeger ____________________

Artikel begleiten ein Substantiv/Nomen

Artikel einsetzen – die grauen Herren

1 Setze in die Lücken entweder den bestimmten oder den unbestimmten Artikel ein.

Sicher kennt ihr __________ Geschichte von Momo, __________ kleinen Mädchen, das __________ Menschen bezaubern kann. Sie wurde in __________ Theaterruine gefunden, die am Rande __________ großen Stadt lag. Eines Tages kommt __________ grauer Herr zu __________ kleinen Momo, er will, dass sie aufhört, __________ Menschen Zeit zu schenken. Denn __________ Zeit wollen __________ grauen Herren selbst __________ Menschen nehmen. Am Ende gelingt es __________ kleinen Mädchen, __________ Zeitdieben zu entkommen und __________ Menschen __________ Freude am Leben zurückzugeben.

Bestimmter oder unbestimmter Artikel? – ein oder das?

2 Verbinde die zusammengehörigen Aussagen durch Linien.

a) **Ein Mädchen** wird vermisst. — Eine Aussage, die für alle gilt.

b) **Das Mädchen** ist in Gefahr. — Die Person ist unbekannt.

c) **Pflanzen brauchen Wasser.** — Die Person ist bekannt.

Adjektive sind Eigenschaftswörter

Die Olympischen Spiele

1 Markiere drei Eigenschaften, die ein Olympiateilnehmer deiner Ansicht nach haben sollte.

sportlich
klug
genügsam
fair
ehrgeizig
groß
stark
beliebt
jung

Treffende Adjektive einsetzen – die Olympischen Spiele in der Antike

2 Setze in den nachfolgenden Text die passenden Adjektive aus dem Wortspeicher ein. Umrahme dabei die Adjektive, die sich in der Form verändert haben.

Im ______ Griechenland gab es ______ Festspiele.

Die Spiele in Olympia waren dabei besonders ______ .

Bei diesen ______ Wettkämpfen durften aber nur

______ Bürger teilnehmen. Der Sieger erhielt einen

______ Zweig des ______ Ölbaumes von Olympia

und außerdem ______ Auszeichnungen in seiner Heimatstadt.

berühmt
sportlich
alt
hoch
viel
grün
heilig
griechisch

Treffende Adjektive finden – die berühmten Spiele

3 Formuliere zu jedem Satz ein Adjektiv, das zum Inhalt passt.

a) Die Olympischen Spiele kennen viele Menschen. Die Spiele sind bekannt.

b) Viele Menschen interessieren sich für die Spiele. Die Menschen sind ______

c) Die Olympische Fahne besteht aus vielen Farben. Die Fahne ist ______

d) Der Ehrgeiz der Olympiateilnehmer ist groß. Sie sind ______

e) Die Nervosität der Sportler ist groß. Sie sind ______

f) Die Sieger werden in ihren Heimatländern von vielen Menschen verehrt. Die Sieger sind ______

4 Formuliere die Sätze aus Aufgabe 3 so um, dass das Adjektiv direkt vor dem Substantiv/Nomen steht.

a) die bekannten Spiele b) ______

c) ______ d) ______

e) ______ f) ______

Adjektive und ihre Endungen – Eigenschaften von Sportlern Genus dahinter

5 Setze die Adjektive vor die Substantive/Nomen und markiere die Veränderung am Wortende.

berühmt:	der berühmte	Spieler m	die berühmten	Spieler
beeindruckend:	______	Leistung f	______	Leistungen
erschöpft:	______	Sportlerin f	______	Sportler
spannend:	______	Wettkampf	______	Wettkämpfe

Adjektive lassen sich steigern

Steigerungsformen der Adjektive: schneller – höher – weiter

1 Setze in die Lücken das Adjektiv in der richtigen Steigerungsform ein.

a) *groß*:

Läufer C ist größer als Läufer A. Läufer B ist ______ als Läufer C und A; er ist ______ .

b) *schnell*:

Läufer C war zwar ______ , doch ______ waren die Läufer A und B. ______ war allerdings Läufer B.

c) *gut*:

Alle sind ______ Sportler, auch wenn A und B ______ waren als C. Am Ende heißt es: Nur der ______ kann gewinnen.

Vergleiche anstellen – sich mithilfe der Steigerungsform (Komparativ) genau ausdrücken

2 Vergleiche die verschiedenen Angaben miteinander.

Sportler	Alter	Größe	Gewicht	Speerwurf
A	22	1,85	90 kg	93 m
B	27	1,70	91 kg	95 m
C	27	2,05	95 kg	89 m
D	33	1,90	90 kg	87 m

Sportler A/C – Alter: Sportler A ist jünger als Sportler B.

Sportler D/A – Gewicht: ______

Sportler B/C – Größe: ______

Sportler C/D – Speerwurf: ______

Sportler B/D – Alter: ______

Sportler B/C – Alter: ______

Der Superlativ: Wer ist am schnellsten?

3 Finde für jeden Sportler den Bereich, in dem er den höchsten Wert erreicht hat.

A ist am jüngsten.

B ______

C ______

D ______

als oder wie? – vergleichen

4 Streiche im Text die teilweise fehlerhafte Verwendung von *als* und *wie* durch und schreibe sie korrigiert darüber.

Obwohl der Läufer schneller war ~~wie~~ als seine Konkurrenten, hat er nicht gewonnen. Er ist früher wie die anderen losgelaufen. Die Hochspringerin sprang in diesem Wettkampf höher wie sie es je getan hatte. Sie war am Ende besser wie alle anderen. Der Gewichtheber aus Deutschland hob die gleichen Gewichte als der Sportler aus Italien. Zum Schluss hatte der Italiener aber mehr Kraft wie der Deutsche und gewann.

Zahladjektive bezeichnen eine Menge oder Rangfolge

Mengenangaben erkennen – der Langstreckenlauf

1 Unterstreiche in dem Interview alle Wörter, die eine Menge oder eine Rangfolge bezeichnen.

Reporter: Herzlichen Glückwunsch zu Ihrem dritten Platz beim Langstreckenlauf. Sind Sie zufrieden mit Ihrer Leistung?

Sportlerin: Natürlich freue ich mich über die Medaille, vor allem bei den vielen Konkurrentinnen um die drei vorderen Plätze. Mit so einem guten Ergebnis habe ich tatsächlich nicht gerechnet. Die meisten anderen Läuferinnen waren sehr gut vorbereitet und ich hatte etwas Angst, dass meine Verletzung vom Vorjahr noch nicht völlig ausgeheilt ist.

Reporter: Werden Sie sich die übrigen Läufe noch anschauen?

Sportlerin: Den Staffellauf der Frauen möchte ich unbedingt noch sehen, denn schließlich haben wir in unserem Team gute Chancen auf einen ersten Platz. Auch der Marathon interessiert mich sehr, in beiden Disziplinen haben wir sehr gute Sportler. Aber danach werde ich noch zwei Wochen mit Freunden das Land bereisen.

Reporter: Dann kann ich Ihnen nur noch alles Gute für die weiteren Tage wünschen und hoffe, Sie bei den Weltmeisterschaften wieder ganz vorne zu sehen.

Sportlerin: Ich danke Ihnen.

Genau oder ungefähr? – Mengenangaben ordnen

2 Trage die Mengenangaben auf die freien Zeilen ein und unterscheide dabei zwischen genauen und ungefähren Mengenangaben.

genaue Angabe	ungefähre Angabe
dritter Platz,	viele Konkurrentinnen,

Personalpronomen ersetzen Substantive/Nomen

Pronomen erkennen und zuordnen – Schneewittchen in Gefahr

1 Umrahme mit Bleistift in jedem Satz das Pronomen, welches das unterstrichene Substantiv/Nomen ersetzt.
Überprüfe deine Lösungen und umrahme die Pronomen dann orange.

a) Schneewittchens Haare sind wie Ebenholz. Sie sind schwarz.

b) Die Stiefmutter mag Schneewittchen nicht. Sie ist eifersüchtig auf ihre Schönheit.

c) Sie beauftragt einen Jäger. Er soll die Tochter entführen und töten.

d) Als der Jäger Schneewittchen sieht, kann er ihm nichts antun.

e) Er setzt das Mädchen im Wald aus, damit es nicht in die Fänge der Mutter gerät.

f) Im Wald entdeckt Schneewittchen ein kleines Haus. Es gefällt ihr sehr gut.

g) Die Zwerge nehmen Schneewittchen bei sich auf. Sie mögen es sehr.

h) Viele Kinder kennen das Märchen von Schneewittchen. Es wurde ihnen oft vorgelesen.

Pronomen als Platzhalter zuordnen – „Ich bin Schneewittchen."

2 Schreibe auf, welche Personalpronomen als Platzhalter für die Personen gelten.
Überprüfe deine Antworten mithilfe der Lösungen und notiere ein Häkchen für jede richtige Aussage.

Schneewittchen spricht von sich: ich ✓

Der Jäger spricht Schneewittchen an: ______ ☐

Die Zwerge nennen den König, seine Frau und ihr Kind: ______ ☐ ______ ☐ ______ ☐

Die Zwerge reden über sich: ______ ☐

Schneewittchen spricht die Zwerge an: ______ ☐

Der Prinz spricht über die Zwerge: ______ ☐

Pronomen

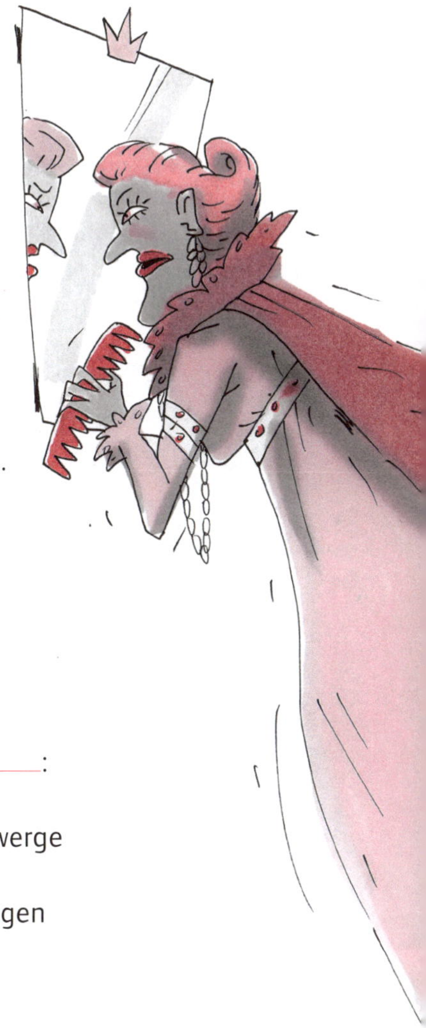

Pronomen einsetzen – die böse Stiefmutter

3 Trage in die Lücken das richtige Personalpronomen ein.

Die Stiefmutter fragt: „Spieglein, Spieglein an der Wand, bin ______ die Schönste im ganzen Land?“ ______ antwortet: „ ______ seid die Schönste hier, doch Schneewittchen ist tausendmal schöner als Ihr.“ Die Königin ärgert sich sehr, ______ will, dass die Tochter verschwindet. Schneewittchen soll von einem Jäger entführt und getötet werden. Doch ______ kann dem Mädchen nichts antun und setzt ______ im Wald aus, um ______ vor der bösen Königin zu schützen. Schneewittchen lernt im Wald die sieben Zwerge kennen und fragt ______: „Könnt ______ mir helfen, denn alleine komme ich nicht weiter?“ Die Zwerge antworten: „Natürlich helfen ______ dir!“, denn ______ mögen das Königskind sehr.

Possessivpronomen geben den Besitz an

Possessivpronomen verwenden – mein Tellerchen

1 Formuliere die Sätze so um, dass ein Possessivpronomen verwendet wird und umrahme es.

a) Der Stuhl gehört mir. Es ist mein Stuhl.

b) Das Bettchen gehört dir. ______

c) Das Tellerchen gehört ihm. ______

d) Das Tellerchen gehört ihr nicht. ______

e) Das Haus gehört uns. ______

f) Ihr müsst die Entscheidung treffen. ______

g) Die Haarbürste gehört nicht den Zwergen. ______

h) Sie teilen die Sachen mit Schneewittchen. ______

______

Personal- oder Possessivpronomen – Nicht verwechseln!

2 In dem Gespräch zwischen der Stiefmutter und Schneewittchen kommen sowohl Personal- als auch Possessivpronomen vor. Unterstreiche sie und trage je ein Beispiel in die dazugehörige Spalte ein. Überprüfe deine Antworten mithilfe der Lösungen. Für jedes richtige Beispiel mache ein Häkchen in den dazugehörigen Korrekturspalten (KS).

	Personalpronomen	KS	Possessivpronomen	KS
Stiefmutter: „Schönes Kind, willst du einen von	______	☐	______	☐
meinen Äpfeln haben?“				
Schneewittchen: „Einen Apfel hätte ich gerne,	______	☐		
aber ich habe meinen Freunden, den Zwergen,	______	☐	______	☐
versprochen, dass ich ihre Türe niemandem öffne.“	______	☐	______	☐
Stiefmutter: „Wir können ja beide von ihm kosten,	______	☐		
zum Beweis, dass du meinem Angebot trauen kannst.“	______	☐	______	☐
	______	☐		
Schneewittchen: „Ich wüsste nicht, was gegen	______	☐		
deinen Vorschlag sprechen könnte.“			______	☐

3 **Possessivpronomen einsetzen – Schneewittchens Geschichte**

Trage die passenden Possessivpronomen in den Lückentext ein.

Der König vermisste ______ Tochter; die Stiefmutter hasste sie wegen ______ Schönheit. Die Zwerge nahmen das Mädchen bei sich auf, denn in ______ Haus war genug Platz. Sie teilten ______ Essen gerne mit der Königstochter. ______ größte Sorge war, dass ______ schönen Gast etwas Schlimmes geschehen konnte. Denn schließlich sagte Schneewittchen: „ ______ Stiefmutter will ______ Tod.“ Am Ende freuen sich die Zwerge mit Schneewittchen, dass ein Prinz sie zu ______ Frau machte.

Demonstrativpronomen machen unverwechselbar

→ **Demonstrativpronomen** weisen direkt auf einen Gegenstand oder einen Sachverhalt hin. Sie begleiten ein Substantiv/Nomen (*dieses Haus*) oder ersetzen es (*Dieses*).

Demonstrativpronomen erkennen – Der Zwerg will die Suppe nicht!

1 Rahme die Demonstrativpronomen zuerst mit Bleistift im Text ein. Überprüfe dann deine Lösungen und umrahme die Demonstrativpronomen anschließend orange.

Ein Zwerg beklagt sich: „Ich mag dieses Bettchen nicht, es ist zu hart. Jenes dort hinten sieht viel weicher aus. Außerdem schaut man von jenem Fenster auf die Wiese und das gefällt mir viel besser als diese Aussicht vor meiner Nase." Der älteste Zwerg ärgerte sich über diese Klagen des jüngsten: „Solch ein Gemecker will ich nicht mehr hören." Der Jüngste hört aber nicht auf seine Ermahnung und beklagt sich: „Diese Suppe mag ich aber gar nicht, warum kochen wir nicht mal wieder jene Suppe, die es früher immer gab?"

Der Zwergenkoch antwortet: „Wenn dir dieses Essen nicht schmeckt, solltest du in Zukunft selbst kochen." Dies wollte der freche Zwerg aber auch nicht, kleinlaut sagte er: „Ich glaube, diese Suppe ist doch gar nicht so schlecht."

Demonstrativpronomen erkennen – Was macht die böse Stiefmutter?

2 Rahme die Demonstrativpronomen im Text orange ein.

Als Schneewittchen einige Zeit verschwunden war, befragte die böse Stiefmutter wieder ihren Spiegel: „Wer ist die Schönste im ganzen Land?" Dieser Spiegel verärgerte die Stiefmutter sehr, denn er gab dieselbe Antwort wie beim letzten Mal: „Ihr seid die Schönste hier, aber Schneewittchen hinter den Bergen, bei den sieben Zwergen, diese ist tausendmal schöner als ihr!" „Oh, Spiegel, müsst ihr solche Antworten geben?! Ich kann es nicht mehr hören! Diener, komm herbei! Wir müssen einen Plan schmieden! Derjenige, der mich hindert, Schneewittchen zu beseitigen, muss erst noch geboren werden! Der Diener dachte bei sich: „Diese entsetzliche Königin! Kann sie nicht einfach einmal zufrieden sein?"

Fragepronomen schaffen Klarheit

Fragen stellen: Wer ist Schneewittchen?

1 Formuliere die passenden Fragen zu den Antworten. Umrahme das Fragepronomen. Überprüfe anschließend deine Ergebnisse mithilfe der Lösungen und verbessere sie gegebenenfalls in der Korrekturspalte.

a) Das Mädchen ist Schneewittchen. — Korrekturspalte

Wer ist Schneewittchen? ______ | ______

b) Die Stiefmutter gibt dem Mädchen einen Apfel zu essen.

______ | ______

c) Die Tochter des Königs wird vom Prinzen wachgeküsst.

______ | ______

d) Das Mädchen verdankt dem Prinzen sein Leben.

______ | ______

e) Schließlich geht alles gut aus und die Königstochter heiratet den Lebensretter.

______ | ______

Fragepronomen bestimmen und einsetzen – berühmte Märchen

2 Trage die zu den unterstrichenen Substantiven/Nomen passenden Fragepronomen in die Lücken ein und gib in den Klammern den Kasus an.

a) Der Jäger wer? [Nominativ] füllt dem Wolf ______ [______] Steine in den Bauch.

b) Er rettet Rotkäppchen und seine Großmutter ______ [______] vor dem gefräßigen Tier.

c) Aschenputtels ______ [______] linker Schuh geht auf dem Ball verloren.

d) Hänsel und Gretel vertrauten der bösen Hexe ______ [______].

e) Der Frosch will die schöne Königstochter ______ [______] küssen.

f) Die Prinzessin ______ [______] klagt über eine Erbse in ihrem Bett.

g) Die Gebrüder Grimm haben die Märchen ______ [______] gesammelt und aufgeschrieben.

Adverbien benennen die Umstände und verändern sich nicht

Adverbien erkennen – der erste Ferientag

1 Umrahme alle Adverbien in diesem Text.

Am ersten Ferientag treffe ich mich immer mit meinen Freunden, denn diesen Tag wollen wir zusammen feiern. Morgens freue ich mich schon auf unsere Unternehmungen, meistens spielen wir draußen im Park Verstecken und machen danach ein schönes Picknick. Seit ich nicht mehr in der Grundschule bin, darf ich auch nachmittags mit meinen Freunden ins Kino gehen. Wenn es an unserem Tag regnerisch ist, schauen wir uns gemeinsam einen lustigen Film an. Danach bleiben alle Kinder noch zum Essen bei uns. Ich kann mir keinen schöneren Ferienbeginn vorstellen.

Adverbien finden – Mein Bruder David tut immer das Gegenteil!

2 Schreibe das Gegenteil der schräggedruckten Wörter in einem Satz auf die Leerzeile.
3 Umrahme die Adverbien.

a) Ich stehe *immer* früh auf. David steht nie früh auf.

b) Ich lese *morgens*. David ______

c) Ich schlafe im Hochbett *oben*. David ______

d) Ich bin *selten* pünktlich. David ______

e) Im Sommer bin ich gerne *draußen*. David ______

f) Ich mache meine Hausaufgaben *zusammen* mit meinen Freunden. David ______

Adverbien einordnen

4 Ordne durch Verbindungslinien die Umstandsangaben den W-Fragen zu und ergänze jeweils drei Adverbien als Beispiel.

neulich, ______	Zeit (temporal)	wie?
______	Ort (lokal)	wann?
______	Art und Weise (modal)	warum?
______	Grund (kausal)	wo?

Adverbien einordnen – Punkte vergeben

5 Umrahme die Adverbien und entscheide, ob das Adverb eine temporale, lokale, modale oder kausale Angabe ist.
Jede Angabe hat einen anderen Punktwert. Wenn du alle Adverbien richtig eingetragen hast, muss die Summe aller Punkte 23 betragen.

	1 Punkt temporal *Zeit*	2 Punkte lokal *Ort*	3 Punkte modal *Art und Weise*	4 Punkte kausal *Grund*	Anzahl der Punkte insgesamt
doch wegen des schönen Wetters					
immer in den Ferien					
draußen im Park					
lange vor dem Abendessen					
gerne im Park spielen					
niemals alleine					
dort im Kino					
unterwegs mit Freunden					
deshalb zufrieden					
Anzahl der Punkte					

Frageadverbien klären Sachverhalte

Englisch, mein neues Fach

1 Kreuze an, mit welchem Frageadverb man den unterstrichenen Sachverhalt erfragen kann. Manchmal sind mehrere Antworten richtig.

a) Ich gehe um 7.30 Uhr zur Schule.	☐ Wie lange?	☐ Womit?	☐ Wann?
b) Ich lerne seit diesem Schuljahr Englisch.	☐ Wann?	☐ Wie lange?	☐ Wo?
c) Die Vokabeln schreibe ich auf Kärtchen.	☐ Wohin?	☐ Warum?	☐ Wie?
d) Mit den Kärtchen fällt mir das Lernen leicht.	☐ Wie?	☐ Weshalb?	☐ Womit?
e) Durch das Wiederholen der Vokabeln fühle ich mich gut vorbereitet.	☐ Weshalb?	☐ Wodurch?	☐ Wann?
f) Zum Spaß spiele ich manchmal „Schule“.	☐ Warum?	☐ Wodurch?	☐ Wieso?

2 Formuliere zur Überprüfung deiner Lösung Fragen mit den angekreuzten Frageadverbien und gib die passenden Antworten.

Präpositionen benennen die Verhältnisse

Präpositionen in Sätzen ergänzen – meine Familie

1 Ergänze, wo sich die Personen, Tiere und Gegenstände aus der Sicht der Tochter Susanne befinden.

Meine Mutter sitzt neben ____________ mir, ____________ uns steht mein Vater. ____________ meinem Arm trage ich unsere Katze. ____________ mir steht mein Bruder. ____________ ihm liegt unser Hund. ____________ Wagen liegt das Baby. ____________ der Wand hängt ein Bild. ____________ dem Kinderwagen befindet sich ein Bücherregal. ____________ diesem Regal und dem Bild ist eine Stehlampe.

Präpositionen erkennen – Familienausflug 1

2 Umrahme in folgendem Text alle Präpositionen.

Sonntags mache ich mit meiner Familie immer einen Ausflug. Im Sommer fahren wir oft an einen See. Wir werden dann schon um sieben Uhr geweckt, nach dem Frühstück packen wir unsere Badesachen und steigen in unser Auto. Seit Kurzem kann mein Bruder auch ohne Schwimmflügel ins Wasser, denn er hat während der Ferien das Seepferdchen gemacht. Er ist sehr stolz auf sein Abzeichen und trägt es immer mit sich, aus Sorge, dass er es verlieren könnte. Nach dem Schwimmen spiele ich mit meinem Bruder Karten, während meine kleine Schwester in ihrem Wagen liegt und schläft.

Präpositionen dem richtigen Kasus zuordnen – Familienausflug 2

3 Umrahme die Präposition, notiere dahinter das passende Fragewort und den geforderten Kasus.

a) Die Sonnencreme lag auf dem Küchentisch. wo? Dativ

b) Eigentlich gehört sie in den Badezimmerschrank. ______

c) Mein Bruder freut sich über das Seepferdchenabzeichen. ______

d) Nach dem Baden haben wir großen Hunger. ______

e) Mit großem Appetit essen wir unsere Brote. ______

f) Vor der Heimfahrt spielen wir Tischtennis. ______

g) In dem Auto schlafen wir vor lauter Müdigkeit ein. ______

Konjunktionen verbinden Satzglieder oder Sätze

1 Umrahme alle Konjunktionen im Text.

Susanne und Paul treffen sich nach der Schule, denn sie wollen gemeinsam ein Geschenk für ihre Freundin Tina aussuchen, weil sie am Samstag ihren Geburtstag feiert. Die beiden können sich nicht einigen, ob sie Tina lieber ein spannendes Buch oder ein Spiel schenken wollen. Susanne möchte lieber einen Krimi verschenken, denn sie weiß, dass Tina gerne Kriminalgeschichten liest. Obwohl Paul keine Leseratte ist, stimmt er dem Vorschlag zu.

Sätze verbinden – ein witziges Geschenk

2 Verbinde die Sätze miteinander, indem du die passende Konjunktion aus dem Wortspeicher verwendest. Achte darauf, dass du in vollständigen Sätzen antwortest und das Komma zwischen Haupt- und Nebensatz setzt.

a) Tina öffnet neugierig ihr Geschenk. Warum öffnet Tina das Geschenk?

Tina öffnet das Geschenk, weil sie neugierig ist.

b) Nach dem Öffnen lacht sie laut. Wann lacht sie laut?

Sie lacht laut

c) Alle wundern sich über ihr Lachen. Warum wundern sich alle?

Alle wundern sich

d) Tina muss lachen. Sie hat ihrer Freundin Susanne letztes Jahr das gleiche Buch geschenkt. Weshalb muss Tina lachen?

Tina muss lachen

e) Susanne ist ihr Missgeschick peinlich. Sie wird rot. Mit welcher Folge ist es ihr peinlich?

Susanne ist ihr Missgeschick peinlich

f) Paul weiß nicht, ob er Susanne bemitleiden soll. Paul weiß nicht, ob er lachen soll. Was weiß Paul nicht?

Paul weiß nicht

g) Susanne will Tina zum nächsten Geburtstag einen Büchergutschein schenken. Paul will Tina zum nächsten Geburtstag einen Büchergutschein schenken. Wer will Tina einen Büchergutschein schenken?

Susanne

da | oder | nachdem | sodass | weil | weil | und | ob

Konjunktionen können Nebensätze einleiten

3 Schreibe alle Konjunktionen aus Aufgabe 2 heraus, die einen Nebensatz einleiten.

1 Suche aus dem folgenden Text zehn Verben und Substantive/Nomen sowie fünf Adjektive heraus und schreibe sie in der Grundform auf.

2 Umrahme im Text jeweils drei Personal- und Possessivpronomen, Konjunktionen und Adverbien.

Romulus: Das Rebhuhn und der Fuchs

Ein Rebhuhn saß irgendwo hoch oben. Da kam ein Fuchs und sagte zu ihm: „Wie gut siehst du doch aus. Deine Füße sind wie Rosen, dein Schnabel glänzt wie eine Koralle. Doch wenn du schliefest, wärest du noch schöner." Das Rebhuhn glaubte ihm und schloss die Augen. Gleich holte es der Fuchs herunter. Da sagte das Rebhuhn und es kamen ihm dabei die Tränen. „Ich bewundere deine List und deinen Scharfsinn, sag mir doch erst, wie du heißt! Dann kannst du mich auffressen." Als nun der Fuchs dem Rebhuhn seinen Namen sagen wollte und dabei den Rachen aufmachte, entwischte es ihm. Betrübt meinte er: „Wozu musste ich auch reden!" Da versetzte ihm das Rebhuhn: „Und was hatte ich nötig zu schlafen, wo ich gar nicht schläfrig war!" Das gilt für Leute, die da reden, wo es nicht notwendig ist, und schlafen, wo sie wachen müssen.

Substantive/Nomen (ergänze den passenden Artikel):

Verben:

Adjektive:

3 Entscheide, ob die Aussagen richtig oder falsch sind.

Aussage	richtig	falsch
1. Zu jedem Verb lässt sich ein Infinitiv bilden.	☐	☐
2. Substantive/Nomen schreibt man nur am Satzanfang groß.	☐	☐
3. Temporaladverbien geben den Grund an.	☐	☐
4. Artikel nennt man auch Eigenschaftswörter.	☐	☐
5. Konjunktionen verbinden Sätze oder Satzteile miteinander.	☐	☐
6. Lokaladverbien geben einen Ort an.	☐	☐
7. „jener" ist kein Demonstrativpronomen.	☐	☐
8. Nach Präpositionen stehen Substantive/Nomen in einem bestimmten Kasus.	☐	☐
9. Der Imperativ ist die Befehlsform.	☐	☐
10. Possessivpronomen gibt es nur im Singular.	☐	☐
11. „oder" ist eine Präposition.	☐	☐

Verben verändern sich: konjugieren

Personalformen erkennen – traumhafte Erfindungen

1 Unterstreiche in folgendem Text alle Formen von Verben blau und das Verb *erfinden* doppelt.

Markus, Simon und Alexandra sprechen auf dem Nachhauseweg über ihre Zukunftspläne. Markus erzählt: „Ich werde mal ein großer Erfinder." „Was erfindest du denn, wenn du groß bist?", fragt Alexandra spöttisch. „Ich erfinde die schwerelose Schultasche", antwortet Markus selbstbewusst, „dann freuen sich alle Schüler und bewundern mich." „Oh ja, dann erfinden wir auch noch eine Aufsatzmaschine, dann bekommen wir sicher einen Nobelpreis", meint Simon begeistert. „Ihr erfindet nur Traumschlösser und sonst nichts", widerspricht Alexandra, „und Simon erfindet höchstens eine gute Ausrede, warum er den Aufsatz für die nächste Deutschstunde nicht schreiben konnte." Und so gehen sie weiter und erfinden alles Mögliche. Bis sie zu Hause sind, träumt auch Alexandra davon, eine berühmte Erfinderin zu werden.

Personalformen zuordnen – „erfinden"

2 Trage die doppelt unterstrichenen Formen des Verbs *erfinden* in die Tabelle ein.

Infinitiv (Grundform): erfinden		
Person	Numerus	
	Singular	Plural
1. Person		
2. Person		
3. Person		

Verben konjugieren

Verben in die richtige Personalform setzen – Wunschberuf Erfinder

3 Setze in die Lücken das in Klammern angegebene Verb in der richtigen Personalform ein. Gib außerdem an, ob es sich um eine Singular- oder eine Pluralform handelt.

Markus [(Sg.)] erzählt *(erzählen)* seinen Freunden von seinen Zukunftsplänen.

Er [______] ______ *(verraten)* ihnen, dass er Erfinder werden will. Die

Freunde [______] ______ *(fragen)* genauer nach. Alexandra [______]

______ *(sich erkundigen)*, welche Art von Erfindungen er machen will.

Markus [______] ______ *(erklären)* den beiden die Idee von der

schwerelosen Schultasche. Alexandra und Simon [______] ______ *(behaupten)*,

dass sie nun auch berühmte Erfinder werden wollen. Simon [______] ______

(sagen) sogar, er wolle den Nobelpreis erhalten.

Die Personalformen des Verbs

Verben einsetzen – die Erfindung des Buchdrucks

1 Trage in den Lückentext die passenden Verben aus dem Wortspeicher in der richtigen Personalform und im richtigen Tempus ein.

Unsere Schrift ______ schon sehr alt, seit 5000 Jahren ______

die Keilschrift. Die Menschen ______ Nachrichten, die sie in weichen Ton

______. Die Verbreitung solcher Texte ______ aber nicht einfach.

Es ______ noch viele tausend Jahre, bis Johannes Gutenberg im 15. Jahrhundert eine Methode ______, bei der man bewegliche Lettern (Buchstaben)

______ und mit ihrer Hilfe Buchseiten ______ und in

hoher Zahl ______ konnte. Seine ersten Druckerzeugnisse ______

ein Kalender und eine lateinische Schulgrammatik.

sein | verwenden | vervielfältigen | dauern | existieren | sein | ritzen | sein | verfassen | entwickeln | drucken

Singular und Plural – Wie funktioniert der Buchdruck?

2 Setze die Sätze in den Plural. Umrahme im Anschluss den Wortstamm des Verbs, also den Teil, der bei der Umwandlung des Numerus nicht verändert wird.

a) Der Buchdrucker braucht viele Arbeitsschritte bis zur Fertigstellung des Buches.

Die Buchdrucker brauchen viele Arbeitsschritte bis

zur Fertigstellung des Buches.

b) Der Setzer setzt die Lettern in der richtigen Reihenfolge in die Druckform.

Die

c) Ein Druckergeselle färbt die Lettern mit einem Lederballen aus Hundehaut,

Die

d) denn die Hundehaut saugt die Farbe nicht ein.

denn die

e) Dann legt ein Geselle einen Bogen Papier auf die Druckform.

Dann

f) Der Drucker presst die Bögen auf die Druckform.

g) Das Papier trocknet anschließend mehrere Stunden.

Verbformen bestimmen

3 Bestimme bei den Verben der nachfolgenden Sätze die Verbform mit Wortstamm und Wortendung. Notiere außerdem Person und Numerus der Verbform sowie den Infinitiv und den Wortstamm.

Übungssatz	Verbform	Person/ Numerus	Infinitiv	Wortstamm
Ich schreibe dir eine E-Mail.	schreib-e	1. Ps. Sg.	schreiben	schreib-
Du antwortest bald.	antwort-est	2. Ps. Sg.	antworten	antwort-
Gutenberg erfindet den Buchdruck.	erfind-et	3. Ps. Sg.	erfinden	erfind-
Wir lesen in der Schule viele Bücher.	les-en	1. Ps. Pl.	lesen	les-
Ihr interessiert euch für Erfindungen.	interessier-en	2. Ps. Pl.	interessieren	interessier-
Die Bücher gefallen uns gut.	gefall-en	3. Ps. Pl.	gefallen	gefall-
Ich leihe oft Bücher aus der Bibliothek.	auslei h-e	1. Ps. Sg.	ausleihe	auslei h-
Die Bibliothekarin erklärt mir vieles.	erklär-t	3. Ps. Sg.	erklären	erklär-

Unregelmäßige Verben

Verbformen von sein erkennen

1 Markus, Simon und Alexandra (von Seite 30) haben auf dem Nachhauseweg so sehr getrödelt, dass sie – wie schon oft – zu spät sind. Unterstreiche in dem folgenden Text alle Verbformen von *sein*.

„Wo bist du so lange gewesen?“, fragt Alexandras Mutter ihre Tochter. „Ich bin doch gar nicht unpünktlich“, entgegnet Alexandra, „Uli ist ja auch noch nicht zu Hause.“ „Ihr seid beide spät dran“, reagiert die Mutter. In diesem Augenblick eilt der Bruder Uli in die Küche und ruft außer Atem: „Wir sind sonst aber immer pünktlich.“ „Stimmt“, gibt die Mutter zu, „jetzt ist es aber Zeit, sonst wird das Essen noch kalt.“ „Zum Glück hat schon einer den Herd erfunden, sonst müssten wir das Essen über offenem Feuer erwärmen!“, meint Alexandra verträumt. „Was dir nur immer einfällt?“, sagt die Mutter kopfschüttelnd.

Verbformen von sein im Überblick

2 Trage die unterstrichenen Verbformen in die Tabelle ein.

Infinitiv: sein		
Person	Numerus	
	Singular	Plural
1. Person	bin	sind
2. Person	bist	seid
3. Person	ist	sind

Verbformen bilden – andere unregelmäßige Verben

3 Bilde die angegebene Personalform der Infinitive. Überprüfe im Anschluss die Antworten mithilfe der Lösungen und trage sie, falls du Fehler gemacht hattest, in der Korrekturspalte ein. Notiere danach in der letzten Spalte, welche Lautänderung (Vokalwechsel) sich ergibt.

Infinitiv	Ps./Num.	Personalbildung	Korrektur	Lautänderung
geben	2. Ps. Sg.	du gibst		e → i
mögen	1. Ps. Sg.	ich mag		ö → a
einladen	2. Ps. Sg.	du lädst ein		a → ä
befehlen	3. Ps. Sg.	er befiehlt		e → ie
können	1. Ps. Sg.	ich kann		ö → a
essen	2. Ps. Sg.	du isst		e → i

4 Verfahre genauso wie in Aufgabe 3.

graben	2. Ps. Sg.	du gräbst		a → ä
laufen	3. Ps. Sg.	er läuft		au → äu
müssen	2. Ps. Sg.	du musst		ü → u
empfehlen	3. Ps. Sg.	sie empfiehlt		e → ie
lesen	2. Ps. Sg.	du liest		e → ie
nehmen	3. Ps. Sg.	sie nimmt		e → i

5 Fülle die Lücken mit den passenden fettgedruckten unregelmäßigen Verben aus Aufgabe 3 und 4.

Markus ___ seinem Freund Simon ein Buch über Erfinder. Der Freund ___ das Buch an einem Tag, dann ___ er es Markus zurück. Zum Dank ___ Simon ihn zu einem Eis ___. Weil es so heiß ist, ___ sie es sehr schnell.

Präfixe: Vorsilben verändern die Bedeutung

Finden oder erfinden? – Daniel Düsentrieb

1 Überlege, welches der Verben – *finden* oder *erfinden* – in die Lücken passt, und trage es in der richtigen Personalform ein.

Daniel Düsentrieb ist ein berühmter Erfinder. Er ___ in seinem Haus ständig Gegenstände, die er noch verbessern kann. Und dann ___ er wieder etwas Nützliches, zum Beispiel den automatischen Rückenkratzer. Geld ___ er allerdings uninteressant, sodass er weder eine Geldmaschine noch eine Diamantenpresse ___ hat. Seine Freunde ___ ihn genial, denn er ___ immer wieder erstaunliche Dinge, die er ihnen vorstellt.

Verben bilden

2 Bilde mithilfe der Verben im Wortspeicher und den angegebenen Präfixen möglichst viele Verben.

be ___

ver ___

er ___

ent ___

zer ___

kommen | kennen | laufen | platzen | flehen | schlüpfen

Die Tempora: Präsens und Präteritum

Verben im Präteritum – Warten auf Sternschnuppen

1 Umrahme in den Sätzen die Signalwörter, die dir zeigen, dass es sich um ein Geschehen in der Vergangenheit handelt und unterstreiche die Verben, die im Präteritum stehen.

Meine beste Freundin heißt Stella. Wir lernten uns kennen, als sie vor drei Jahren in das Nachbarhaus zog. Gestern besuchte ich Stella, denn wir wollten ihr neues Fernrohr ausprobieren. Am Abend beobachteten wir die Sterne, denn in der vergangenen Nacht konnte man besonders viele Sternschnuppen sehen. Erfüllen uns die Sternschnuppen in dieser Nacht vielleicht einen Wunsch?

Umformen: Präsens – Präteritum und zurück

2 Forme die folgenden Sätze in der Tabelle um. Setze den Präsenssatz ins Präteritum und umgekehrt.

3 Markiere die Buchstaben in den Präteritumformen, an denen du die Zeitform erkennst.

Präsens (Gegenwart)	Präteritum (Vergangenheit)
Heute schauen wir die Sterne an.	Gestern schauten wir die Sterne an.
Heute	Gestern hofften wir, Sternschnuppen zu sehen.
Heute probieren wir das Fernrohr aus.	Gestern
Heute	Gestern schenkte ich ihr ein Sternenbuch.
Heute warten wir auf gutes Wetter.	Gestern
Heute	Gestern stellten wir das Fernrohr auf.
Heute übernachte ich bei meiner Freundin.	Gestern

Verben konjugieren

→ Unregelmäßige und regelmäßige Verben im Präteritum
Die Präteritumformen aus der vorangegangenen Aufgabe werden alle nach dem gleichen Muster (Endung: - *te*) gebildet, sie werden deswegen *regelmäßige* oder auch *schwache Verben* genannt. Weist eine Präteritumform keine t-Endung auf, sondern eine Lautänderung bzw. einen Vokalwechsel im Wortstamm, nennt man das Verb *unregelmäßig* oder *stark* (z. B. *sie lesen – sie lasen*).

Regelmäßig oder unregelmäßig?

4 Ordne die Präteritumformen aus dem Wortspeicher der passenden Spalte zu.

Tipp 1 Schreibe erst mit Bleistift. Wenn du deine Lösungen überprüfst hast, schreibe mit Füller.

Tipp 2 Falls du dir unsicher bist, bilde den Infinitiv.

regelmäßige/schwache Verben	unregelmäßige/starke Verben
er lachte (lachen)	sie gingen (gehen)

ich fuhr
ich sang
~~er lachte~~
sie sahen
sie siegte
es regnete
er lief
~~sie gingen~~
wir sagten
ihr stelltet
er lehrte
es schneite

Präteritumformen erkennen und bestimmen – eine Erfindung veränderte die Welt

5 Unterstreiche alle Präteritumformen in folgendem Text.

Gottfried Daimler lebte von 1834 bis 1900. Er erfand zusammen mit seinem Freund Wilhelm Maybach das erste Auto. Die beiden Männer montierten einen Motor an ein Kutschfahrgestell und fuhren ihre Erfindung im Jahr 1886 durch Deutschland. Der Ingenieur Karl Benz konstruierte ebenfalls ein Fahrzeug mit Verbrennungsmotor. Die Menschen gelangten nun schneller von einem Ort zum anderen. Diese nützliche Erfindung hatte allerdings auch Nachteile, denn die Abgase schadeten schon bald der Umwelt. Seit einiger Zeit forschen Wissenschaftler nach umweltfreundlicheren und sparsameren Motoren.

6 Schreibe die Präteritumformen mit den Personenangaben aus dem Text auf die freien Zeilen und bilde die Präsensform.

Präteritum	Präsens
eine Erfindung veränderte (3. Ps. Sg.)	eine Erfindung verändert

Präteritumformen bilden und einordnen

7 Bilde das Präteritum und ordne zu, ob es sich um ein regelmäßiges Verb (Endung: -te) oder um ein unregelmäßiges Verb (Lautänderung/Vokalwechsel) handelt.

Tipp 1 Falls du dir unsicher bist, bilde den Infinitiv.

	regelmäßiges Verb	unregelmäßiges Verb
1. Ps. Sg. fahren		ich fuhr
3. Ps. Pl. rollen	sie rollten	
3. Ps. Sg. montieren	sie montierten	
1. Ps. Pl. laufen		wir liefen
1. Ps. Sg. antreiben		ich trieb an
2. Ps. Pl. konstruieren	ihr konstruiertet	

Die Tempora: Präteritum und Perfekt

→ Die Vergangenheit kann man im Deutschen mit zwei unterschiedlichen Tempora ausdrücken: Das **Präteritum** wird überwiegend im Schriftlichen gebraucht, das **Perfekt** verwendet man überwiegend im Mündlichen.

Das Perfekt und die Verbklammer – Entwicklung der Eisenbahn

1 Unterstreiche die Verben des nachfolgenden Textes. Verbinde anschließend die Verben eines Satzes, die inhaltlich zusammengehören, mit einer Klammer.

Auf dem Pausenhof erzählt Mona ihrer Freundin Yvonne:

Gestern habe ich einen Film über die Entwicklung der Eisenbahn im Fernsehen gesehen. Heute Morgen bin ich gleich in die Bibliothek gegangen und habe mir ein Buch über den Erfinder der Eisenbahn ausgeliehen. Das Buch hat mir so gut gefallen, dass ich es in einem Rutsch gelesen habe. Darüber habe ich ganz vergessen, dass ich meiner Mutter versprochen habe, mein Zimmer aufzuräumen. Jetzt habe ich mich heute verabredet und schon wieder keine Zeit fürs Aufräumen.

2 Trage die Verbformen, die eine Verbklammer bilden, aus der vorangegangenen Aufgabe in die Tabelle ein.

Infinitiv	Hilfsverb in konjugierter Form	Partizip II
sehen	habe	gesehen

Umformen ins Präteritum – die Dampflok

3 Setze die Infinitive im Text ins Präteritum:

In einem Geschichtsbuch steht: Der Brite Richard Trevithick (*erfinden*) ______ die erste Dampflokomotive. Bald (*fahren*) ______ die Lok zwischen London und Birmingham. In Deutschland (*bestaunen*) ______ die Menschen die Dampfeisenbahn, die zuerst zwischen den bayerischen Städten Fürth und Nürnberg (*pendeln*) ______. Anfangs (*fürchten*) ______ sich viele Leute vor dem dampfenden Gefährt. Doch schon bald (*nutzen*) ______ man die Eisenbahn für den Transport von Gütern und Menschen, denn sie (*sein*) ______ viel schneller als die Kutsche.

Umformen ins Perfekt

4 Schreibe den Text noch einmal auf und setze die Verben in das Perfekt.

Simone sagt im Geschichtsunterricht: Der Brite Richard Trevithick hat die erste Dampflokomotive erfunden.

Verbformen bestimmen, Verbklammern setzen – Mit dem „Adler" von Fürth nach Nürnberg

5 Umrahme alle Verbformen, setze die Verbklammern und bestimme Person, Numerus und Tempus.

3. Ps. Sg. Prät.

Der Zug mit der Lokomotive namens „Adler" fuhr im Jahr 1835 von Fürth nach Nürnberg.

Zahlreiche Menschen haben das Spektakel beobachtet. Ein Junge rief: „Ich fahre mit!" Seine Mutter hat ihm entgegnet: „Niemals, das ist viel zu gefährlich." Doch der Sohn bestand auf seiner Ansicht. Die Antwort der Mutter hörte man nicht mehr, weil der Lärm der Lokomotive zu groß war.

Die Tempora im Überblick

Präsens, Präteritum, Perfekt – Tempusformen einsetzen

1 Vervollständige die Tabelle.

Präsens	Präteritum	Perfekt
ich entdecke	ich entdeckte	ich habe entdeckt
	du sahst	
er forscht		
		sie haben untersucht
	er dampfte	
sie rollt		
er will		
		sie haben gelesen
es regnet		
ihr könnt		

Präsens, Präteritum, Perfekt – Tempusformen einsetzen

2 Setze die Verben in der richtigen Zeitform in die Lücken ein.
Unterstreiche als Vorbereitung alle Angaben, die dir bei der Feststellung der Zeitstufe helfen.

Seit Jahren forschen *(forschen)* Wissenschaftler nach umweltfreundlichen Energiequellen. Sie untersuchten *(untersuchen)* die Möglichkeit, aus Wind, Wasser und Sonne Energie zu gewinnen. Schon in alten Zeiten nutzten *(nutzen)* die Menschen diese Kräfte; im alten Persien trieben *(antreiben)* Wasser und Wind Mühlen an, in denen man Getreide mahlte *(mahlen)*. Heute verwandeln *(verwandeln)* Windkraftwerke den Wind in elektrische Energie. Auch die Kraft der Sonne kannte *(kennen)* man bereits seit Längerem. Im Jahr 1861 patentierte *(patentieren)* man einen Sonnenmotor. Mit dieser Konstruktion nutzte *(nutzen)* man die gebündelte Sonnenkraft zur Erwärmung von Wasser. Der Erfinder erklärte *(erklären)* stolz: „Mit dieser Erfindung hat die Technik einen großen Schritt nach vorn gemacht *(machen)*.

Substantive/Nomen verändern sich: deklinieren

Substantive/Nomen erkennen – Herr Fusi

1 Verbessere den nachfolgenden Text, indem du zuerst mit Bleistift die Substantive/Nomen unterstreichst und die Anfangsbuchstaben großschreibst.

T

Eines tages stand herr fusi in der tür seines ladens und wartete auf kundschaft. Der lehrjunge hatte frei und herr fusi war allein. Er sah zu, wie der regen auf die straße platschte, es war ein grauer tag und auch in herrn fusis seele war trübes wetter. „Mein leben geht so dahin", dachte er, „mit scherengeklapper und seifenschaum. Was habe ich eigentlich von meinem dasein?" […] Es war nun nicht etwa so, dass herr fusi etwas gegen ein schwätzchen gehabt hätte. Er liebte es sogar sehr, den kunden weitläufig seine ansichten auseinanderzusetzen und von ihnen zu hören, was sie darüber dachten. […] Aber es gibt eben manchmal augenblicke, in denen alles kein gewicht hat.

19

2 Alles richtig gemacht? Dann umrahme die Substantive/Nomen rot.

Das Genus

Jedes Substantiv/Nomen hat ein Geschlecht

1 Schreibe die Substantive/Nomen aus dem obigen Textabschnitt auf die freien Zeilen, sortiere sie dabei nach dem Geschlecht und setze den passenden Artikel davor. Notiere jedes Substantiv/Nomen nur einmal.

Maskulinum	Femininum	Neutrum
der Tag	die Tür	das Wetter
der Laden	die Kundschaft	das Leben
der Lehrjunge	die Straße	das Scherengeklapper
der Regen	die Seele	das Dasein
der Seifenschaum	die Ansicht	das Schwätzchen
der Kunde		das Gewicht
der Augenblick		
der Herr		

Substantive/Nomen deklinieren

Artikel im richtigen Genus verwenden – der graue Herr

2 Streiche in nachfolgendem Text die fehlerhafte Verwendung der Artikel durch und notiere darüber die Berichtigung.

Fehlertext

Die graue Herr nutzt das Situation des Friseurs aus. Der Mann von die Zeitsparkasse überzeugt Herrn Fusi, dass er zukünftig der Zeit sparen muss. Von nun an hat die Haarschneider es immer eilig, er redet nicht mehr mit das Leuten, denn er hat Angst, der Zeit zu verschwenden.

Der Numerus

Der Kamm des Friseurs – die Kämme der Friseure

1 Bilde bei den nachfolgenden Substantiven/Nomen den Singular bzw. den Plural.

Singular	Plural
der Kamm	die Kämme
die Bürste	die Bürste
das Haar	die Haare
der Besucher	die Besucher
die Zeit	die Zeiten
der Herr	die Herren

Singular	Plural
der Gedanke	die Gedanken
der Spiegel	die Spiegel
die Kundin	die Kundinnen
die Angst	die Ängste
das Kind	die Kinder
der Friseur	die Friseure

Nur im Singular, nur im Plural? – umformen

2 Es gibt Wörter, die nur im Singular vorkommen (das Wetter), und solche, die nur im Plural auftreten (die Geschwister). Bilde bei nachfolgenden Substantiven/Nomen den Plural bzw. den Singular.
Mache ein Kreuz, falls die Veränderung des Numerus nicht möglich ist.

Bilde den Plural:

der Spiegel	die Spiegel
das Dasein	X das Dasein
der Laden	die Läden
das Geschwätz	das Geschwätz X
das Wetter	das Wetter X
die Hutablage	die Hutablage
die Sonne	die Sonne
der Regen	der Regen X
das Scherengeklapper	X

Bilde den Singular:

die Stühle	der Stuhl
die Kosten	X
die Herren	der Herr
die Ferien	X
die Möbel	das Möbel
die Einkünfte	die X
die Scheren	die Schere
die Leute	X
die Eltern	X

Nur im Singular, nur im Plural? – zuordnen

3 Notiere die Wörter, deren Numerus nicht veränderbar ist, unter der passenden Überschrift.

nur im Singular:	nur im Plural:
das Dasein	die Kosten

Substantive/Nomen deklinieren

HA

Der Kasus

Den Kasus erfragen – Kennst du Momo?

1 Notiere, mit welchem Fragepronomen du nach Momo in den Sätzen fragen kannst. Schreibe den Kasus dahinter.

	Fragepronomen	Kasus
a) Momo ist ein kleines Mädchen.	Wer?	Nominativ
b) Momo hat viele Locken.		
c) Das Aussehen Momos ist auffällig.		
d) Die Menschen schenken Momo Kleidung.		
e) Alle mögen Momo.		

Den Kasus erfragen – Was macht Herr Fusi?

2 Notiere das Fragepronomen, mit dem du das unterstrichene Substantiv/Nomen erfragen kannst. Schreibe außerdem den Kasus dahinter.

	Fragepronomen	Kasus
a) Herr Fusi arbeitet gerne als Friseur.	Wer?	Nominativ
b) Er schneidet den Kunden die Haare.		
c) Die Geschichten der Leute interessieren ihn.		
d) Er mag das Scherengeklapper.		
e) Die grauen Herren wollen seine Zeit stehlen.		
f) Ein Zeitdieb bringt den Friseur ins Grübeln.		
g) Er versucht, Herrn Fusi Angst zu machen.		
h) Herr Fusi glaubt den grauen Herren.		
i) Die Zeit des Friseurs wird knapp.		
j) Von nun an will er die Zeit sparen.		
k) Der arme Mann wird immer unglücklicher.		

Deklinationsübung

(1)

3 Dekliniere die Substantive/Nomen und schreibe sie mit ihrem Artikel in die Tabelle.

Kasus	Frage	Maskulinum	Femininum	Neutrum	Plural
Nominativ	wer? was?	der Kamm			
Genitiv	wessen?				der Haare
Dativ	wem?		der Schere		
Akkusativ	wen? was?			das Wasser	

Bestimmungsübung

(2) auf Endungen achten

4 Unterstreiche die richtige Bestimmung. Manchmal sind mehrere Lösungen richtig.

a) die Freunde	Nom. Pl.	Gen. Pl.	Akk. Pl.
b) das Fest	Nom. Pl.	Akk. Sg.	Nom. Sg.
c) des Mannes	Dat. Sg.	Gen. Pl.	Gen. Sg.
d) der Leute	Gen. Pl.	Nom. Sg.	Dat. Pl.
e) die Menschen	Akk. Pl.	Gen. Pl.	Nom. Pl.
f) des Kindes	Nom. Pl.	Gen. Sg.	Gen. Pl.
g) der Frau	Nom. Sg.	Gen. Sg.	Dat. Sg.
h) die Fenster	Nom. Pl.	Dat. Pl.	Akk. Pl.
i) dem Mann	Dat. Sg.	Gen. Sg.	Dat. Pl.

Präposition und Kasus – Achtung Fehler!

5 Den Präpositionen folgt nicht der richtige Kasus. Streiche die Fehler durch und schreibe die Verbesserung auf die freie Zeile. Notiere Kasus und Numerus dahinter.

Fehlertext

a) Momo freut sich auf ~~den~~ Ferien. die Ferien Akk. Pl.

b) In die Ferien will ich ans Meer fahren. ______ ______

c) Bei das Schreiben hilft mir Gigi. ______ ______

d) An die sonnigen Tagen spiele ich in der Ruine.

e) Durch dem Lesen werde ich klug.

f) Ich kann dann alleine in die Zeitung lesen.

g) Bei die Arbeit soll ich nicht Radio hören.

h) Das lenkt mich von des Text ab.

i) Mit die Kinder spielen macht mehr Spaß.

j) Auf der Fortschritte bin ich stolz.

k) An der Abenden lese ich Beppo etwas vor.

6 Präposition und Kasus – richtig zuordnen

Notiere, welche der Präpositionen in Aufgabe 5 den Dativ und welche den Akkusativ fordern.

Dativ	Akkusativ
bei,	auf,

7 Bestimmungsübung – Momos Freund Beppo

Bestimme Genus, Numerus und Kasus der unterstrichenen Substantive/Nomen.

Momos bester Freund ist der Straßenkehrer Beppo. Er lässt sich von niemandem die Zeit stehlen. Als seine kleine Freundin verschwindet, weiß er, was er zu tun hat. Er macht sich auf die Suche. Die sonderbaren Zeichen einer Schildkröte helfen ihm dabei, Momo zu retten. Die grauen Herren können den Menschen nun nichts mehr anhaben. Die Geschichte des Mädchens haben viele Menschen gelesen.

Substantive/Nomen deklinieren

	Genus	Kasus	Numerus
der Straßenkehrer Beppo	Maskulinum		
die Zeit			Singular
einer Schildkröte			
Momo			
die grauen Herren		Nominativ	
den Menschen			
die Geschichte			
des Mädchens			
viele Menschen			

Im Überblick – Kennzeichen von Substantiven/Nomen

8 Kreuze die richtigen Aussagen an. Wie lautet das Lösungswort?

	richtig	falsch
a) Substantive/Nomen werden nicht immer großgeschrieben.	R	T
b) Jedes Substantiv/Nomen bezeichnet einen Gegenstand.	U	H
c) Der Artikel vor einem Substantiv/Nomen kennzeichnet das Genus.	E	I
d) Substantive/Nomen stehen immer im ersten Fall (Nominativ).	N	A
e) Substantive/Nomen lassen sich beugen.	T	E
f) Vor Substantive/Nomen kann man meist einen Artikel setzen.	E	N
g) Namen sind keine Substantive/Nomen.	T	R

Lösungswort: ______________________

Pronomen sind Stellvertreter für Substantive/Nomen

Pronomen einsetzen – die Abenteuer des Tom Sawyer

1 Schreibe in die Lücken das passende Pronomen.

Mark Twain ist ein berühmter Autor. ______________ wurde 1835 im Süden der USA geboren. Bevor ______________ Schriftsteller wurde, war ______________ Journalist, Lotse und Goldgräber. ______________ bekanntestes Buch heißt „Die Abenteuer des Tom Sawyer", ______________ handelt von einem abenteuerlustigen Jungen, der viele Streiche ausheckt und dabei auch in Gefahr gerät.

Ersatzprobe: Tom und Sid

2 Schreibe den Text ab und ersetze die unterstrichenen Substantive/Nomen durch ein passendes Personalpronomen.

Pronomen daneben

Tom und sein Stiefbruder Sid leben bei Tante Polly. Tante Polly hat häufig Probleme bei der Erziehung von Tom und Sid, denn Tom stellt jede Menge Unfug an. Tom erlebt viele Abenteuer, die Abenteuer sind aber oft gefährlich und gefallen der Tante nicht. Ihr größter Wunsch ist, dass Tom endlich so brav wird, wie es Sid ist, denn Sid macht der Tante nur selten Sorgen.

Bestimmungsübung: Tom und Tante Polly

3 Personalpronomen gibt es nicht nur im Nominativ. Bestimme Person, Numerus und Kasus der unterstrichenen Pronomen. Überprüfe deine Antworten mithilfe der Lösungen und verbessere sie, wenn nötig, in der Korrekturspalte.

Tom überlegt, was er Tante Polly schon immer mal sagen wollte:

		Korrekturspalte
a) „Immer gibst du mir die Schuld."	1. Ps. Sg. Dat.	________
b) „Du magst mich weniger als Sid."	________	________
c) „Ich finde dich schrecklich gemein."	________	________
d) „Ich möchte mit dir nicht streiten."	________	________
e) „Mit ihm schimpfst du nie so sehr."	________	________
f) „Ihn bevorzugst du immer."	________	________

Tante Polly hat sich Antworten für Tom überlegt:

g) „Ich mag euch beide gleich gerne."	________	________
h) „Aber Tom, du machst mir immer Kummer."	________	________
i) „Wirst du uns in Zukunft nicht mehr enttäuschen?"	________	________

Die beiden vertragen sich wieder:

j) Die Aussprache hat ihnen gut getan.	________	________
k) „Das soll uns nicht mehr passieren", sagt Tom erleichtert.	________	________

Ersatzprobe – Possessivpronomen

4 Ersetze die unterstrichenen Substantive/Nomen durch ein Possessivpronomen.

Tante Pollys Garten ihr Garten	Toms Streiche ________
Sids Bruder ________	Toms und Sids Tante ________
Beckys Verlobung ________	die Sorgen der Tante ________

Ersatzprobe – Personal- oder Possessivpronomen?

5 Ersetze die unterstrichenen Wörter durch Personal- bzw. Possessivpronomen.

a) Tom erlebt viele Abenteuer mit seinem besten Freund.

Er erlebt viele Abenteuer mit ihm.

b) Tante Polly bestraft Tom, weil Tom Tante Pollys Hausregeln missachtet hat.

c) Toms Bruder Sid verrät der Tante, wenn Tom etwas angestellt hat.

d) Einmal muss Tom den Zaun um Tante Pollys Garten streichen.

e) Tom tut so, als ob diese Arbeit großen Spaß machen würde.

f) Alle anderen Jungen wollen den Zaun auch streichen.

Pronomen entschlüsseln – gar nicht so einfach!

6 Entschlüssle die Pronomen, die sich hinter den Bestimmungen in den Klammern verbergen.

a) (3. Sg. Mask. Nom.) gibt (3. Sg. Neutr. Akk.) (3. Sg. Mask. Dat.)

Er gibt es ihm.

b) (1. Sg. Fem. Nom.) will (2. Pl. Akk.) sehen.

c) (1. Pl. Nom.) laden (2. Sg. Akk.) ein.

d) (3. Pl. Nom.) gehen mit (3. Sg. Dat.) zu (2. Sg. Dat.)

Alle Pronomen im Überblick

Pronomen bestimmen – Tom und Becky

1 Umrahme in folgendem Gespräch alle vorkommenden Pronomen zunächst mit Bleistift. Markiere dann die Personalpronomen (*ich, du*) blau, die Possessivpronomen (*mein, ihr*) rot und die Demonstrativpronomen (*diese, jene*) grün.

Tipp Wenn du unsicher bist, schau dir noch einmal die Pronomen auf S. 50–52 an.

Als ihre Mittagspause endlich kam, lief Tom auf Becky zu und flüsterte ihr ins Ohr: „Setz deinen Hut auf und tu so, als ob du nach Hause gehst, und wenn du an dieser Ecke bist, dann lass die anderen laufen und komm den Heckenweg zurück. Ich mach es auf der anderen Seite genauso." Die beiden gingen also jeder mit einem Haufen von Schulkindern davon und kurz darauf trafen sie sich am Ende jenes Heckenweges wieder. Als sie dann zusammen ihr Klassenzimmer betraten, gehörte es ihnen ganz allein. Sie setzten sich nebeneinander, nahmen jene Tafel und Tom gab Becky den Griffel, führte ihre Hand sorgsam mit seiner Hand und schuf ein neues erstaunliches Wunder von Haus. [...] „Sag mal, Becky, warst du eigentlich schon mal verlobt?" „Was ist denn das?" „Na, verlobt – wenn man sich heiraten will." „Nee – nie." „Möchtest du gern mal?" „Hm, ja – ich weiß nicht. Wie macht man denn das?" „Wie man das macht? Och, ganz einfach! Du brauchst bloß 'nem Jungen zu sagen, du willst keinen anderen haben als ihn, nie und nie und nie und dann küsst du ihn und die Geschichte ist fertig. Das kann jedes Baby." „Sich küssen? Wozu denn?" „Ja, das muss man, weißt du – weil ... weil, na, weil sie es eben alle tun, das gehört dazu." „Ich glaube, ich will diesen Kuss nicht", meinte Becky zweifelnd.

Pronomen richtig zuordnen – dein Hut, jene Tafel

2 Schreibe alle Possessiv- und Demonstrativpronomen mit passendem Substantiv/Nomen auf die freien Zeilen.

Possessivpronomen	Demonstrativpronomen
ihre Mittagspause	dieser Ecke

Fragepronomen ergänzen – Was tut Tom?

3 Fülle das passende Fragepronomen in die Lücken.

a) Was ______ möchte Tom tun?

b) ______ hat Tom sein Herz geschenkt?

c) ______ möchte er heiraten?

d) ______ antwortet Becky?

e) ______ Verlobungsantrag nimmt sie an?

Substantive/Nomen bestimmen und durch passende Pronomen ersetzen – Tom und das Waschen

4 Unterstreiche zuerst in den folgenden Sätzen die Substantive/Nomen. Bestimme dann Kasus und Numerus der unterstrichenen Substantive/Nomen.

5 Übertrage anschließend die Sätze auf die freien Zeilen und ersetze die Wörter durch Pronomen.

a) Mary, das Dienstmädchen, reichte Tom [(Dat. Sg.) ______] eine Blechschüssel und ein Stück Seife.

Mary, das Dienstmädchen, reichte ihm eine Blechschüssel und ein Stück Seife.

b) Tom begab sich in den Hof, tauchte die Seife [______] in die Schüssel.

______

c) Er krempelte die Ärmel [______] hoch und schüttete das Wasser [______] aus.

______

______

d) Doch Tom [______] konnte Mary [______] nichts vormachen.

______

e) Das Dienstmädchen [______] bemerkte den Schwindel [______] sofort.

______

______

Pronomen einsetzen – der Zaun muss gestrichen werden

6 Ergänze das fehlende Pronomen (Personal-, Frage-, Demonstrativ- oder Possessivpronomen).

Billy und Ben beobachten Tom beim Streichen eines Zaunes.

„_______ machst du da?“, fragen die beiden Tom. „_______ streiche den Zaun _______ Tante Polly, weil _______ nur _______ _______ Arbeit anvertraut.“ „Das glauben _______ _______ nicht, bestimmt hast _______ etwas angestellt.“ Ben und Billy wollen nun unbedingt auch mal streichen, _______ bitten _______ um den Pinsel. „_______ darf _______ nicht streichen lassen, Tante Polly hat _______ verboten“, meint Tom scheinbar zweifelnd. Am Ende bezahlen _______ _______ mit kostbaren Murmeln dafür, dass _______ den Zaun streichen dürfen. Tom ist sehr vergnügt, denn _______ hat nun keine Arbeit und viele neue Schätze.

sie | was | diese | sie | ich | meiner | du | wir | sie | dir | euch | es | ich | er | mir | sie | ihn | ihn

Zeig, was du kannst!
Dieses Schlangenrätsel kannst du allein, besser aber zu zweit spielen.
Du benötigst einen Würfel und zwei Spielmännchen.
Beginne bei „Start" und würfle.
Gehe die entsprechende Zahl auf den Feldern und löse die Aufgabe.

1. Ist deine Lösung falsch, musst du zu deinem letzten Standort zurückgehen, ist sie richtig, darfst du auf dem Feld bleiben.
2. Wer zuerst den Schlangenkopf erreicht, hat gewonnen.

Bei den Aufgaben musst du Formen bestimmen oder sie nach den Vorgaben bilden.
Manchmal sind auch Fachbegriffe gefragt.

Beispiel:
Bilde *1. Ps. Sg. Futur* von *beginnen* – Ich werde beginnen
Bestimme 2. Ps. Sg. Präsens von würfeln – *du würfelst*

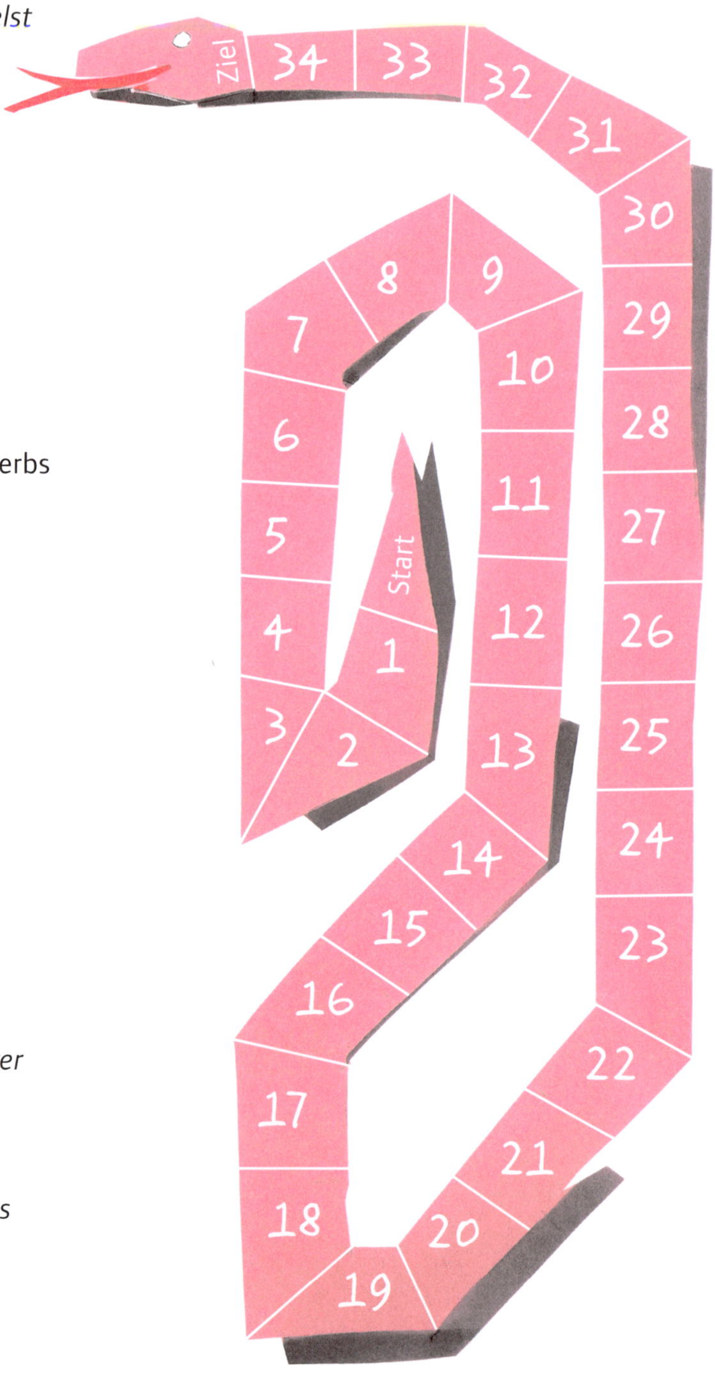

1. Bilde 1. Ps. Pl. Präsens von *werden*
2. Bestimme *du hast gegessen*
3. Bestimme *er wird lachen*
4. Glücksfeld: Würfle noch einmal.
5. Bilde 3. Ps. Sg. Präteritum von *verlassen*
6. Bestimme den Kasus: das Aussehen *Momos*
7. Bestimme den Kasus: Er mag *sie*.
8. Bilde 1. Ps. Sg. Präteritum von *schaffen*
9. Bestimme *Sie werden gewinnen*
10. Bestimme den Kasus: *einer Schildkröte*
11. Nenne den Fachbegriff für die Grundform des Verbs
12. Nenne den Fachbegriff für den 3. Fall (Kasus)
13. Pech gehabt: Gehe zwei Felder zurück.
14. Bestimme Kasus und Numerus: *der Leute*
15. Bilde den Plural von *der Kamm*
16. Bestimme Kasus und Numerus: *diesen Häusern*
17. Nenne den Fachbegriff für den 2. Fall (Kasus)
18. Bestimme Kasus und Numerus: Sie glaubt *ihm*.
19. Bilde 3. Ps. Pl. Perfekt von *ankommen*
20. Bilde 2. Ps. Pl. Präteritum von *lachen*
21. Bestimme Kasus und Numerus von *das Fenster*
22. Nenne den Fachbegriff für *Einzahl*
23. Glücksfeld: Würfle noch einmal.
24. Bestimme *ihr habt gesagt*
25. Bilde 1. Ps. Sg. Perfekt von *niesen*
26. Bestimme den Kasus: *des Scherengeklappers*
27. Bestimme Kasus und Numerus: *den Straßenkehrer*
28. Bilde die Singularform von *die Spiegel*
29. Pech gehabt: Gehe drei Felder zurück.
30. Nenne den Fachbegriff für den 4. Fall (Kasus)
31. Bestimme Kasus und Numerus: Tante Pollys *Haus*
32. Bilde 3. Ps. Sg. Präteritum von *sagen*
33. Bestimme *ihr habt gedacht*
34. Bilde 2. Ps. Sg. Perfekt von *gewinnen*

Sätze drücken Botschaften aus

Einen Text durch Satzzeichen gliedern: Meike und Lars gehen ins Kino

1 Ergänze in diesem Brief die fehlenden Satzzeichen und berichtige die fehlerhafte Groß- und Kleinschreibung über den Zeilen.

Liebe meike ich habe dich heute in der pause nicht gesehen des-

wegen schreibe ich dir denn ich wollte dich fragen ob du heute

mit mir ins kino gehst willst du bis nachher lars

2 Lies dir nun das Gespräch der beiden Kinder durch.

3 Kreuze an, was der Inhalt des Gesprächs zwischen Meike und Lars ist.

- ☐ Meike entschuldigt sich bei dem Freund.
- ☐ Lars hat bereits Kinokarten besorgt.
- ☐ Die beiden gehen lieber ein Eis essen.
- ☐ Lars ist noch nicht da, als Meike eintrifft.
- ☐ Lars hat sich ebenfalls verspätet.
- ☐ Beide wollen noch in den Kinofilm gehen.

4 Unvollständige Sätze sind für uns manchmal durch den Gesprächszusammenhang verständlich, leichter verständlich aber sind vollständige Sätze. Bilde vollständige Sätze aus den nachfolgenden Aussagen.

a) Bus verpasst. Ich habe den Bus verpasst.

b) Bin völlig aus der Puste. ______________________

c) Selber zu spät. ______________________

d) Schon Karten gekauft? ______________________

Der Stellungsplan des Hauptsatzes

→ Ein Hauptsatz besteht aus mindestens zwei Satzgliedern, dem **Subjekt** und dem **Prädikat**. Verschiedene Wortarten können als Subjekt im Satz auftreten. Das **Prädikat** wird immer aus einem Verb gebildet. **Im Hauptsatz steht ein Teil des Prädikates, nämlich die Personalform des Verbs, immer an zweiter Satzgliedstelle**: Ich *habe* heute *verschlafen*.

Subjekte und Prädikate erkennen: Marco Polo 1

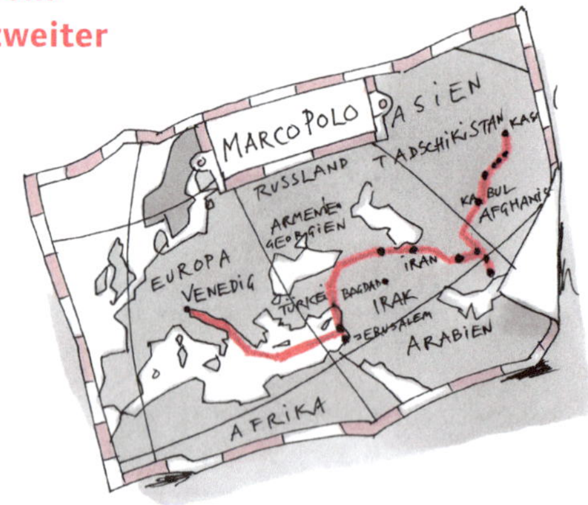

1 Umrahme im Text alle Subjekte rot und alle Prädikate blau.

Tipp Wenn du Schwierigkeiten hast, die Subjekte zu erkennen, dann wende die **Frageprobe** an: *Wer kennt die Namen der Entdecker neuer Kontinente und Länder? Jedes Kind.*

Jedes Kind kennt die Namen der Entdecker neuer Kontinente und Länder.

Sie interessieren sich noch heute für die abenteuerlichen Reisen vergangener Zeiten.

Marco Polo reiste 1270 auf dem Landweg nach China.

Er begleitete seinen Vater Nicolo auf dieser Reise.

Später schrieb Marco Polo zusammen mit dem Schriftsteller Rustichello während eines Aufenthaltes in Europa einen Reisebericht über den Fernen Osten.

Subjekte und Prädikate ergänzen: Marco Polo 2

2 Trage die fehlenden Subjekte (rot) und Prädikate (blau) aus dem Wortspeicher in die Lücken ein.

Die Kinder ____ wissen ____ die Namen der Entdecker neuer Kontinente und Länder. ________ ________ mit seinem Sohn auf einem Schiff. ________ ________ nach China. ________ ________ im Jahr 1270.

____

________ darüber einen Reisebericht.

Dies + geschehen | Nicolo + segeln | Marco Polo und Rustichello + schreiben | ~~Die Kinder + wissen~~ | Sie + reisen

Hauptsätze erkennen – berühmte Entdecker

3 Betrachte noch einmal das Regelwissen auf Seite 58.
Unterstreiche nun im nachfolgenden Text die Hauptsätze.

Marco Polo: Ich reiste nach China, als ich noch ein Junge war. Seitdem faszinierte mich die fremde Kultur. Ich blieb deswegen lange dort. Nach Venedig kehrte ich zurück, da ich meine Heimat vermisste. Die Kaufleute interessierten sich für meine Erzählungen, weil sich dadurch neue Handelsmöglichkeiten ergaben.

Vasco da Gama: Im Jahr 1497 segelte ich von Lissabon nach Indien, wobei ich vielen Gefahren ausgesetzt war. Bei meiner Heimkehr bereitete man mir einen triumphalen Empfang, obwohl ich nur einige Gewürzproben mitbrachte. Einige Jahre später brach ich wieder nach Indien auf, als sich eine günstige Gelegenheit dazu bot.

Christoph Kolumbus: Bereits mit 14 Jahren fuhr ich zur See, weil ich das Abenteuer liebte. Ich wollte China und Indien auf der Westroute erreichen. Ich war davon überzeugt, dass dieser Weg kürzer ist. Die Einwohner der entdeckten Inseln nannte ich Indianer, da ich sie für die Bewohner Indiens hielt.

4 Trage die unterstrichenen Hauptsätze in die freien Zeilen ein und umrahme das Prädikat blau.

Marco Polo Ich reiste nach China.

Vasco Da Gama:

Christoph Kolumbus:

Zweiteilige Prädikate

Ein- und mehrteilige Prädikate zuordnen – lesen und vorlesen

1 Bilde kurze Sätze mit den Infinitiven aus dem Wortspeicher. Entscheide, ob die Prädikate einteilig oder mehrteilig sind, und trage sie entsprechend ein.

~~beginnen~~ ~~anfangen~~ überreden entdecken vorlesen lesen abfahren einschlafen aufbrechen versuchen einsperren lachen

einteiliges Prädikat:	mehrteiliges Prädikat:
Ich beginne.	Du fängst an.
Er	Sie
Sie	Er
Wir	Wir
Ihr	Ihr
Es	Ich

Ein- und mehrteilige Prädikate erkennen: Kolumbus' Reisen

2 Umrahme in nachfolgenden Sätzen mit Bleistift das Prädikat. Schreibe das Verb im Infinitiv auf die dafür vorgesehene Zeile. Wenn du die Lösungen verglichen hast, übermale die Prädikate blau.

a) Kolumbus reiste viermal nach Amerika. reisen

b) Er brach bei seiner ersten Fahrt mit drei Schiffen auf. aufbrechen

c) Nach etwas über zwei Monaten entdeckten sie eine Insel, sie gaben ihr den Namen „San Salvador".

d) Die Seeleute fürchteten die Gefahren.

e) Das Schiff „Santa Maria" ging im Meer unter.

f) Im März 1493 kehrte Kolumbus mit nur noch zwei Schiffen zurück.

3 Verfahre wie in Aufgabe 2.

g) Die nächste Reise trat Kolumbus mit 17 Schiffen und 15000 Menschen an.

h) Kolumbus stritt bei seinem dritten Aufenthalt auf den Inseln mit den Siedlern.

i) Ein Gouverneur löste ihn schließlich ab.

j) Und er kehrte als Gefangener der Spanier zurück.

k) Auf seiner letzten Fahrt gelangte er nach Mittelamerika.

l) Er gab seinen Plan nicht auf, den kürzesten Weg nach Indien zu finden.

4 Zeichne bei den mehrteiligen Prädikaten in den Sätzen aus Aufgabe 2 und 3 eine Klammer. Beispiel: Er brach bei seiner ersten Fahrt mit drei Schiffen auf.

Wie Satzreihen entstehen

Sätze verbinden – mutige Entdecker

1 Verbinde die folgenden Sätze miteinander. Verwende dazu die Konjunktionen *und, aber, denn.* Setze vor *aber* und *denn* ein Komma.

a) Viele Entdecker waren mutige Seemänner. Sie hatten keine Angst vor den Gefahren.

b) Sie waren neugierig auf fremde Länder. Sie konnten andere für ihre Ideen begeistern.

c) Sie waren gut für ihre Fahrten gerüstet. Nicht jedes Schiff erreichte sein Ziel.

Sätze verbinden – Kolumbus' Traum und die Wirklichkeit

2 Verbinde durch Linien die zusammengehörigen Sätze.

Kolumbus gab seinen Traum nicht auf.	Die Händler profitierten sehr.
Viele Seeleute starben auf See.	Die Einheimischen litten unter den Siedlern.
Viele wollten bei den Fahrten dabei sein.	Er suchte weiter den Weg nach Indien.
Die Siedler wollten das Gold der Einheimischen.	Andere wurden Opfer tropischer Krankheiten an Land.

Sätze schreiben – Kolumbus auf der Suche nach Indien

3 Überprüfe deine Lösung aus Aufgabe 2 mithilfe des Lösungsteils.
Bilde nun Satzreihen mithilfe der Konjunktionen aus dem Wortspeicher und schreibe sie auf die freien Zeilen.

Kolumbus gab seinen Traum nicht auf, sondern suchte weiter den Weg nach Indien.

denn | sondern | oder | aber

Haupt- und Nebensätze unterscheiden

Den Stellungsplan des Nebensatzes erkennen – Kolumbus berichtet

1 Umrahme in nachfolgendem Text alle Prädikate blau. Überprüfe im Anschluss deine Ergebnisse mithilfe des Lösungsteils und korrigiere sie gegebenenfalls.

2 Unterstreiche nun die Sätze im Text, in denen das Prädikat am Ende des Satzes steht, also die Nebensätze.

„Um zwei Uhr morgens kam das Land in Sicht, von dem wir etwa acht Seemeilen entfernt waren. Wir holten alle kleinen Segel ein, sodass wir nur mit dem Großsegel fuhren. Dann lagen wir und warteten bis zum Anbruch des Tages, bis die Sonne aufging. Wir gelangten zu einer Insel, die in der Indianersprache „Guanahani" hieß. Dort erblickten wir allsogleich nackte Eingeborene.

Ich begab mich mit Martin Alonso Pinzon und dessen Bruder Vincente Yañez, dem Kapitän der Niña, an Bord eines mit Waffen versehenen Bootes an Land. Dort entfaltete ich die königliche Flagge." *(aus dem Tagebuch des Kolumbus vom 12. Oktober 1492)*

3 Lies dir den Regelkasten durch und notiere die Beispiele aus dem Wortspeicher hinter die dazugehörige Regel.

→ **Nebensätze erkennt man daran, dass ...**

sie häufig mit Konjunktionen eingeleitet werden, ____________________

die Personalform des Prädikats am Ende steht, ____________________

sie durch Kommas vom Hauptsatz getrennt werden. ____________________

Beispiele
, damit sie gut vorbereitet ist.
, damit sie gut vorbereitet ist.
Damit sie gut vorbereitet ist, lernt sie fleißig.

Haupt- und Nebensätze verbinden – Lisas Referat

4 Ordne den Hauptsätzen durch Verbindungslinien die passenden Nebensätze zu.

5 Markiere nun in jedem Nebensatz die Konjunktion und das Prädikat. Setze hinter jedem Nebensatz ein Häkchen, wenn er alle Merkmale aus dem Merkkasten erfüllt.

a) Lisa interessiert sich für Indianer,	nachdem sie dem Lehrer von ihrem Hobby erzählte.
b) Sie hält ein Referat darüber in der Schule,	weil sie schon einmal in Amerika war.
c) Sie liest viel über die indianische Geschichte,	damit sie gut vorbereitet ist.
d) Die Kinder stellen ihr viele Fragen,	damit sie Eindrücke vom Leben der Indianer heute haben.
e) Am Ende sehen sie einen Film,	da sie Lisas Referat spannend finden.

Der Stellungsplan des Nebensatzes

→ Verbindet man einen Hauptsatz mit einem oder mehreren Nebensätzen, so nennt man das ein **Satzgefüge**. Verschiedene Stellungspläne sind möglich. (Die Nebensätze sind unterstrichen.)

Hauptsatz + Nebensatz: Er glaubt, dass er Indien entdeckt hat.
Nebensatz + Hauptsatz: Weil er mutig ist, segelt er los.
Hauptsatz (1) + Nebensatz + Hauptsatz (2): Ich lese, weil es mich interessiert, viele Bücher über die Seefahrt.

Stellungspläne erkennen – Schwierigkeiten der Seefahrt

1 Ordne den Stellungsplan der Sätze den Beispielen zu.

HS + NS NS + HS HS + NS + HS

a) Weil sie noch keine genauen Messinstrumente hatten, verließen sich Seefahrer auf ihre Kenntnis der Sterne. *Stellungsplan:* NS + HS

b) Seefahrer verließen sich auf ihre Kenntnis der Sterne, weil sie noch keine genauen Messinstrumente hatten. *Stellungsplan:* ______

c) Seefahrer verließen sich, weil sie noch keine genauen Messinstrumente hatten, auf ihre Kenntnis der Sterne. *Stellungsplan:* ______

Nebensätze erkennen, Zeichen setzen – Segeln seit dem Altertum

2 Umrahme in den folgenden Satzgefügen die Prädikate blau.
3 Unterstreiche nun die Nebensätze und füge die notwendigen Kommas ein.

a) Im Altertum segelte man nahe der Küste weil es noch keine genauen Seekarten gab.

b) Nachdem sich die ersten Seekarten des Mittelmeers im 14. Jahrhundert verbreitet hatten konnten Steuermänner den Kurs ihrer Schiffe besser bestimmen.

c) Während man also in bekannten Gebieten auf Karten zurückgreifen konnte hatte Kolumbus nur einen Kompass zur Verfügung.

d) Er bestimmte die Fahrtrichtung nachdem er die täglich zurückgelegte Entfernung berechnet hatte mit einem Kompass.

e) Manche Karten waren da die Zeichner oft ihrer Phantasie freien Lauf ließen recht ungenau.

f) Gerhardus Mercator wurde sehr berühmt da er die Erdkrümmung für die Seeleute berechenbar machte.

g) Als die Seeleute die Berechnung verwendeten konnten sie die Krümmung der Erde auf ihre Karten übertragen.

Die Stellung der Nebensätze verändern – spannende Seefahrt

4 Unterstreiche die Nebensätze und verändere die Anordnung der Sätze nach Vorgabe des Stellungsplanes.

a) Viele Kinder interessieren sich für die Geschichte der Seefahrt, weil sie spannend ist.

NS + HS Weil sie spannend ist, interessieren sich viele Kinder für die Geschichte der Seefahrt.

b) Nachdem er ein Buch über Seefahrer gelesen hat, will Paul unbedingt Matrose werden.

HS + NS

c) Thomas möchte niemals Matrose werden, weil er leicht seekrank wird.

NS + HS

d) Möchtest du, wenn du einmal groß bist, zur See fahren?

Fragesatz + NS

5 Streiche in nachfolgenden Sätzen die fehlerhaften Wörter durch, sodass richtige Aussagen entstehen.

a) Nebensätze haben *kein* / *immer* ein Prädikat.

b) Nebensätze werden *immer* / *häufig* / *nie* durch Konjunktionen eingeleitet.

c) Nebensätze *beginnen* / *enden* immer mit dem Prädikat.

d) Nebensätze werden von den Hauptsätzen *immer* / *selten* / *nie* durch ein Komma getrennt.

Die Ergänzungs- oder Auskunftsfrage

Frage und Antwort – Lisas Referat

1 Lisa will sich auf ihr Referat gut vorbereiten. Zunächst hat sie sich Fragen notiert und dann ihren älteren Bruder um Rat gefragt. Ordne Lisas Fragen die passenden Antworten zu.

a) Wann soll ich mit der Vorbereitung beginnen?	1) Zeige ein Bild von einem Indianer.
b) Welche Informationsquellen soll ich verwenden?	2) Der Geschichtslehrer weiß sicher viel zu diesem Thema.
c) Wer könnte noch etwas zu diesem Thema wissen?	3) Ich leih dir meinen.
d) Wen kann ich außer dir noch um Hilfe bitten?	4) Am besten fängst du gleich an.
e) Wie lange soll so ein Vortrag dauern?	5) Du kannst in der Bücherei oder im Internet Informationen erhalten.
f) Welche Glücksbringer nehme ich mit?	6) Damit dein Vortrag lebendiger wird.
g) Welche Bilder kann ich zeigen?	7) Deine Lehrerin hilft dir sicher.
h) Weshalb soll ich Sprechpausen machen?	8) Nicht länger als 15 Minuten.
i) Warum soll ich meinen Text nicht ablesen?	9) Damit dich alle gut verstehen können.

a) – 4),

→ Alle Fragen beginnen mit Fragewörtern. Diese lassen sich noch einmal unterscheiden in Fragepronomen und Frageadverbien:
Fragepronomen lassen sich deklinieren; sie treten als Stellvertreter auf (*Wer* hilft dir? *Wem* hilfst du?) oder als Begleiter (*Welches* Buch kannst du empfehlen?).
Frageadverbien sind unveränderbar, mit ihrer Hilfe fragt man nach Umständen einer Situation/Sache, also dem Grund, der Zeit, der Art und Weise oder dem Ort (*warum*, *wann*, *wie* und *wo*?).

2 Ordne die Fragewörter aus Aufgabe 1 den Fragepronomen bzw. den Frageadverbien zu.

Fragepronomen:

Frageadverbien:

3 Ordne auch die Fragewörter aus dem Wortspeicher einer der beiden Gruppen zu und trage sie bei Aufgabe 2 (S. 66) ein.

wieso | welcher | wessen | wohin | wodurch | wem

Die Entscheidungsfrage

Entscheidungs- oder Auskunftsfragen? – Schülerfragen zu Lisas Referat

1 Unterstreiche bei den nachfolgenden Fragen die Entscheidungsfragen, also die Fragen, auf die man nur mit *Ja* oder *Nein* antworten kann.

Moritz: Wo leben die Indianer heute?

Tim: Haben die Indianer eine eigene Religion? Welche ist das?

Susanne: Kennst du einen Indianer?

Moritz: Gibt es noch immer Menschen, die in Zelten leben?

Tim: Was findest du an dem Thema so spannend?

Alexandra: Kannst du mir ein Buch zu diesem Thema empfehlen?

→ **Entscheidungsfragen** beginnen immer mit dem Prädikat des Satzes. Bei allen anderen Fragen steht am Satzanfang das Fragepronomen.

Fragen bilden

2 Bilde mithilfe der Begriffe aus dem Wortspeicher je eine Entscheidungsfrage und eine Auskunftsfrage.

Sonja/kennen | Auto/Besitzer | Hunger | Schokolade

a) Entscheidung: „Kennst du Sonja?“

Auskunft: „Wo / wer ist Sonja?“

b) Entscheidung: ____________________

Auskunft: ____________________

c) Entscheidung: ____________________

Auskunft: ____________________

d) Entscheidung: ____________________

Auskunft: ____________________

3 Formuliere Entscheidungsfragen, die zu den Aussagen passen.
Umrahme das Prädikat.

a) Hast du viel zu diesem Thema gelesen?

Ich habe viele Bücher darüber gelesen.

b) ______________________________

Ja, ich würde gerne einmal nach Amerika reisen.

c) ______________________________

Natürlich kannst du es uns einmal vortragen.

d) ______________________________

Ja, ich war etwas aufgeregt.

e) ______________________________

Ja, mein älterer Bruder hat mir geholfen.

f) ______________________________

Nein, ich habe keine Indianerbücher auf Englisch gelesen.

Aufforderungen auf verschiedene Weise ausdrücken

Höfliche Bitte oder Befehl?

1 Wünsche kann man auf unterschiedliche Weise zum Ausdruck bringen.
Setze hinter die Sätze das richtige Satzschlusszeichen (! ? .).

2 Ordne nun den Sätzen den passenden Inhalt aus dem Wortspeicher zu und überprüfe deine Ergebnisse mithilfe des Lösungsteils. Nutze die Korrekturspalte für die Verbesserung.

		Korrekturspalte
a) Kann ich das Seil haben___	______________	______________
b) Gib mir bitte das Seil___	______________	______________
c) Ich möchte das Seil haben___	______________	______________
d) Gib mir das Seil___	______________	______________
e) Gib mir sofort das Seil___	______________	______________

Aufforderung | Befehl | Frage | Bitte | Aussage

Der Aufforderungssatz

→ **Unmissverständliche Aufforderungen** (Befehle) werden mithilfe des Imperativs (Befehlsform) ausgedrückt. Das Prädikat steht hier am Anfang des Satzes, der Satz kann mit einem Ausrufezeichen enden, z. B.: *Nimm dir das Buch! Lies es! Erzähl mir, wie du es findest! Gib es mir wieder zurück!*

3 Formuliere solche Aufforderungen an eine Einzelperson und an eine Gruppe.

a) Buch – vorlesen
Einzelperson: Lies aus dem Buch vor!
Gruppe: Lest aus dem Buch vor!

b) Segel – setzen
Einzelperson: ______
Gruppe: ______

c) an Land gehen
Einzelperson: ______
Gruppe: ______

Befehl oder Bitte?

4 Forme die Sätze nach der Vorgabe um.

a) Jemand muss dem Kapitän das Essen bringen.
Befehl: Bring dem Kapitän sofort das Essen!

b) Die Segel müssen gesetzt werden.
Bitte: ______
Frage: ______

c) Würdet ihr an Land gehen?
Aufforderung: ______
Befehl: ______

d) Leinen los!
Frage: ______

Alle Satzarten im Überblick

1 Setze hinter die Sätze das passende Satzschlusszeichen.
2 Benenne hinter den Sätzen, um welche Satzaussage es sich handelt.
Entscheide bei Fragen, ob sie Entscheidungs- oder Auskunftsfragen sind.

Susanne: Habt ihr noch Fragen___ ______________________

Ich zeige euch noch eine Seite aus dem Logbuch von Kolumbus___ ______________________

Lehrerin: Wir danken dir für deinen Vortrag___ ______________________

Wer möchte Susanne noch eine Frage stellen___ ______________________

Schüler 1: Das hast du gut gemacht___ ______________________

Schüler 2: Ich finde das Thema aber langweilig___ ______________________

Schüler 3 zu 4: Wo sind meine Taschentücher___ ______________________

Hast du eines für mich___ ______________________

Schüler 4 zu 3: Natürlich kannst du eins haben___ ______________________

Hast du Schnupfen___ ______________________

3 Formuliere wie im Beispiel aus den Worten verschiedene Satzarten.

Smutje – kochen – Essen
Aussage: *Der Smutje kocht Essen.*
Entscheidungsfrage: *Kocht der Smutje Essen?*
Auskunftsfrage: *Wer kocht Essen?*
Aufforderung: *Smutje, koch Essen!*
Bitte/Frage: *Würdest du bitte Essen kochen, Smutje?*

a) **Schiffsjunge – Segel setzen**

Aussage: ______________________

Entscheidungsfrage: ______________________

Auskunftsfrage: ______________________

Aufforderung: ______________________

Bitte/Frage: ______________________

b) **Ihr – an Land gehen**

Aussage: ______________________________

Entscheidungsfrage: ______________________________

Auskunftsfrage: ______________________________

Aufforderung: ______________________________

Bitte / Frage: ______________________________

4 Entscheide, ob die nachfolgenden Aussagen richtig oder falsch sind.

	richtig	falsch
a) Im Aussagesatz steht das Prädikat an zweiter Stelle.	☐	☐
b) Hauptsätze können nie alleine stehen.	☐	☐
c) Im Nebensatz steht die Personalform des Prädikats an letzter Stelle.	☐	☐
d) Entscheidungsfragen kann man nur mit Ja/Nein beantworten.	☐	☐
e) Nebensätze werden durch Konjunktionen eingeleitet.	☐	☐
f) Auskunftsfragen beginnen mit dem Prädikat.	☐	☐
g) Der Imperativ ist die Befehlsform.	☐	☐
h) Auch Fragen können Aufforderungen ausdrücken.	☐	☐

5 Umrahme alle Prädikate, unterstreiche Hauptsätze rot und Nebensätze blau. Setze auch die Zeichen.

Das Essen an Bord

Fehlertext

Zur Zeit der Entdeckungen war die Essenszubereitung an Bord sehr schwer denn es gab nur schlechte Lagermöglichkeiten für die Nahrungsmittel Das wichtigste Nahrungsmittel waren der Schiffszwieback und Pökelfleisch In den ersten Tagen gab es auch noch Gemüse wenn aber die Reise länger dauerte wurden frische Lebensmittel knapp Der Vitaminmangel führte häufig zu einer Krankheit namens Skorbut die man daran erkannte dass den Kranken die Zähne ausfielen Der Smutje war ein wichtiger Mann an Bord weil er durch gute Lagerhaltung und gute Kochkünste für ein wenig Abwechslung in der kargen Seemannskost sorgen konnte Heute kann man den Seeleuten durch Tiefkühltruhen viel gesünderes Essen bieten deshalb ist Skorbut unter Seeleuten auch keine gefürchtete Krankheit mehr.

Das Subjekt gehört in jeden Satz

Frageprobe – Wer sind diese Kinder?

1 Frage nach den Subjekten nach folgendem Muster. Überprüfe im Anschluss deine Ergebnisse und trage sie in der Korrekturspalte ein.

a) Anna ist 11 Jahre alt.

Frage: Wer ist 11 Jahre alt?

Antwort: Anna ist 11 Jahre alt.

b) Ludwig spielt am liebsten Fußball.

Frage: ______________ spielt am liebsten Fußball?

Antwort: ______________ Korrektur: ______________

c) Ludwigs bester Freund spielt in derselben Mannschaft.

Frage: ______________ spielt in derselben Mannschaft?

Antwort: ______________ Korrektur: ______________

d) Ins Schwimmbad gehen sie oft.

Frage: ______________ geht oft ins Schwimmbad?

Antwort: ______________ Korrektur: ______________

2 Verfahre auch hier wie in Aufgabe 1, formuliere aber jetzt die Frage nach dem Subjekt selbstständig.

a) Anna interessiert sich für Fische.

Frage: Antwort:

Korrektur:

b) In Annas Klasse geht ihre Freundin Sandra.

Frage: Antwort:

Korrektur:

c) Die beiden haben ähnliche Hobbys.

Frage: Antwort:

Korrektur:

d) Am liebsten treffen sie sich jeden Tag.

Frage: Antwort:

Korrektur:

Subjekt und Prädikat

Subjekte erkennen – Freunde

3 Umrahme in folgendem Text alle Subjekte.

In der Schule sitzen Marc und Ludwig nebeneinander. Sie tauschen Bücher aus und sind gute Freunde. Ludwigs Schwester heißt Anna, die beiden sind Zwillinge. An den Nachmittagen treffen sich die Freunde zum Spielen. Auch Annas Freundin Sandra gehört dazu. Die Zauberei ist Sandras größtes Hobby, täglich übt sie mit ihrem neuen Zauberkoffer. Zu besonderen Anlässen führt sie den Freunden etwas vor.

Prädikate sagen, was geschieht

Prädikate erkennen – Sandras Geburtstag

1 Unterstreiche die Prädikate. Bei mehrteiligen Prädikaten zeichne auch die Verbklammer.
2 Rahme nach der Überprüfung deiner Lösung alle Bestandteile der Prädikate blau ein.

Zum Geburtstag schenkt Anna ihrer Freundin Sandra einen Goldfisch. Er soll Merlin heißen, denn Sandras großes Vorbild ist der Zauberer Merlin. Zu Weihnachten wünscht sich Sandra noch einen Fisch, damit Merlin nicht alleine ist. Sie hat auch schon einen Namen ausgesucht, der zweite Fisch soll dann Nemo heißen. Von ihrer Freundin lernt Sandra, wie man ein Aquarium reinigt.

Prädikate bilden – das Aquarium reinigen

3 Anna erklärt, wie man ein Aquarium reinigt. Trage die Verben aus dem Wortspeicher in die entsprechenden Lücken ein. Die Prädikate sind manchmal mehrteilig, zeichne in diesen Fällen auch die Verbklammer.

Zuerst ________ ich die Fische aus dem Aquarium, dazu ________ ich einen Kescher. Ich ________ dann alle Pflanzen und Steine aus dem Glas, den alten Sand ________ ich gegen neuen ________. Ich ________ kein Spülmittel zur Reinigung, weil das für meine Fische schädlich ________. Zum Schluss ________ ich die Fische wieder ins Wasser und ________ ihnen beim Schwimmen ________.

verwenden | holen | nehmen | zusehen | setzen | benutzen | austauschen | sein

4 Setze die Verben in den Klammern als Prädikate in die Lücken des Textes.

Die beiden Mädchen ____________________ die Fische, während die Tiere Futter ____________________ (*beobachten, bekommen*). ____________________ du sie jeden Tag?", ____________________ Sandra ihre Freundin neugierig (*füttern, fragen*). „Selbstverständlich", ____________________ Anna, „deswegen ____________________ ich sie zu meiner Oma, wenn wir nicht zu Hause ____________________." (*antworten, bringen, sein*)

Objekte erkennen

→ **Alle Wörter, die sich innerhalb eines Satzes zusammen umstellen lassen, bilden ein Satzglied.**
Beispiele: *Ich / vertraue / dir.* *Dir / vertraue / ich.*
Ich / gebe / dir / einen Rat. *Dir / gebe / ich / einen Rat.* *Einen Rat / gebe / ich / dir.*

Objekte mithilfe der Umstellprobe ermitteln – Fußball mit Ludwig und Marc

1 Führe mündlich die Umstellprobe durch und grenze die Satzglieder durch Schrägstriche zuerst mit Bleistift ab. Notiere die Anzahl der Satzglieder in jedem Satz und überprüfe deine Ergebnisse. Korrigiere dann deine Ergebnisse gegebenenfalls mit einem grünen Stift.

Ludwig und Marc spielen Fußball. __________

Sein Freund erklärt ihm die Regeln. __________

Ludwig schießt Marc den Ball zu. __________

Marc trifft das Tor. __________

Seine Mitspieler gratulieren ihm. __________

Das Dativobjekt

Dativobjekte erfragen – Ich gebe ihr mein Buch.

1 Umrahme in den Sätzen alle Objekte, nach denen mithilfe des Fragepronomens *Wem?* gefragt werden kann. Z. B.: *Ich schenke dir ein Buch. Wem schenke ich ein Buch? Dir.*

Ich gebe ihm einen Rat (*Wem gebe ich einen Rat?*). Er läuft ihm hinterher (*Wem läuft er hinterher?*) Sie sieht ihr nach. (*Wem sieht sie nach?*) Ich glaube dir. (*Wem glaube ich?*) Er erzählt mir eine Geschichte. (*Wem erzählt er eine Geschichte?*).

Dativobjekte erkennen – ein Buch zum Geburtstag?

2 Ermittle das Dativobjekt, indem du mithilfe des Fragepronomens *Wem?* nach ihm fragst.

a) Leihst du mir dein Buch?

Frage: Wem sollst du das Buch leihen? Mir.

b) Nenne ihr bitte den Autor des Buches.

Frage:

c) Wollen wir Ludwig das Buch schenken?

Frage:

d) Ich habe ihm aber schon davon erzählt.

Frage:

e) Aber Anna könnte das Buch auch gefallen.

Frage:

f) Am besten schenken wir ihnen einen Büchergutschein.

Frage:

g) Das gefällt den beiden sicher auch.

Frage:

Satzglieder unterscheiden – die Geburtstagsfeier

3 Trenne die Satzglieder durch Schrägstriche voneinander, rahme die Prädikate (P) blau ein und bestimme darunter das Subjekt (S) und das Dativobjekt (DO).

Tipp Das Prädikat kann mehrteilig sein (P1, P2).

Anna und Ludwig / feierten / ihren Geburtstag / mit vielen Freunden. Sie / brachten / ihnen / eine große Überraschung / mit. Die Gäste hatten ihnen eine riesige Torte gebacken. Die beiden gaben allen ein Stück davon. Danach zauberte Sandra den Geburtstagskindern etwas vor und alle applaudierten ihr nachher. Nach langem Bitten hat sie ihren Zuschauern einen kleinen Trick verraten. Auch die Eltern von Anna und Ludwig hatten noch eine Überraschung für die Geburtstagsgesellschaft. Sie schenkten allen Kindern eine Eintrittskarte für den Zirkus.

(S – Anna und Ludwig; P – feierten; S – Sie; P1 – brachten; DO – ihnen; P2 – mit)

Das gefiel den Geschwistern sehr, denn die Artisten führten ihnen unglaubliche Kunststücke vor. Der Zauberer aus dem Zirkus verriet aber niemandem seine Geheimnisse.

Das Akkusativobjekt

Akkusativobjekte erfragen – Ludwig und Anna im Zirkus

1 Umrahme in den Sätzen alle Objekte, nach denen mithilfe des Fragepronomens *Wen?* oder *Was?* gefragt werden kann. Z.B.: *Ich schenke dir ein Buch. Was schenke ich dir? Ein Buch.*

Ich habe das Buch an einem Tag gelesen. (*Wen oder was habe ich an einem Tag gelesen?*)

Ich möchte auch den Film zum Buch ansehen. (*Wen oder was möchte ich auch ansehen?*)

Hast du ihn schon gesehen? (*Wen oder was hast du schon gesehen?*)

Nein, denn ich finde das Lesen von Büchern spannender. (*Wen oder was findest du spannender?*)

Akkusativobjekte erkennen – Geburtstag im Zirkus

2 Ermittle das Akkusativobjekt mithilfe der Fragepronomen *Wen?* oder *Was?*. Überprüfe deine Antworten und korrigiere sie in der Korrekturspalte (KS).

a) Ich mochte den Clown am liebsten.

Frage: Wen mochtest du am liebsten?

Antwort: Den Clown. Korrektur: ____

b) Er hat lustige Späße mit den Zuschauern gemacht.

Frage: ____

Antwort: ____ Korrektur: ____

c) Er bat mich, in die Manege zu kommen.

Frage: ____

Antwort: ____ Korrektur: ____

d) Ich fand die Akrobaten aber auch toll.

Frage: ____

Antwort: ____ Korrektur: ____

e) Ich würde mich solche Kunststücke niemals trauen.

Frage: ______

Antwort: ______ Korrektur: ______

f) Mama und Papa hatten wirklich einen tollen Einfall.

Frage: ______

Antwort: ______ Korrektur: ______

g) Wir haben die besten Eltern der Welt.

Frage: ______

Antwort: ______ Korrektur: ______

Satzglieder unterscheiden – im Zirkus

3 Trenne die Satzglieder durch Schrägstriche voneinander, rahme die Prädikate (P) blau ein und bestimme darunter das Subjekt (S) und das Akkusativobjekt (AO). Arbeite zuerst mit Bleistift. Nach der Überprüfung deiner Lösung rahmst du die Prädikate blau ein und ziehst die Schrägstriche mit Grün.

Tipp In einem Fall ist das Prädikat mehrteilig (P1, P2).

Die Zuschauer / bewundern / die Zirkusakrobaten. Die Akrobaten brauchen viel Konzentration
S P AO
und gute Nerven. Nach der Vorführung erhalten sie viel Beifall. Die Zirkusgäste genießen die aufregende Atmosphäre im Zirkus. Viele Kinder wollen später Artist oder Clown werden.

Die Objekte im Überblick

Fehler erkennen – ein Tor!

1 Streiche die fehlerhaften Satzgliedbestimmungen durch und schreibe sie richtig darüber.

Ludwig ~~(Dat.objekt)~~ Subjekt spielt (Prädikat) Fußball (Akkusativobjekt).

Er (Subjekt) schießt (Dativobjekt) viele Tore (Akkusativobjekt).

Seine Freunde (Subjekt) feuern (Dativobjekt) ihn (Akkusativobjekt) an (Prädikat1).

Die Umstellprobe anwenden – der Besuch

2 Bestimme mithilfe der Umstellprobe die Satzgliedgrenzen und zeichne sie durch Schrägstriche ein.

Marc besucht seine Großeltern. Seine Großeltern / besucht / Marc.

Am Bahnhof begrüßen sie ihn stürmisch.

Sie

Ihn

Stürmisch

Satzglieder erkennen – die Ankunft am Bahnhof

3 Bestimme im Text die Satzgliedgrenzen durch Schrägstriche, zuerst mit Bleistift, nach der Überprüfung der Lösung mit Grün.

Die Großmutter drückt ihm einen dicken Kuss auf die Wange und ein Überraschungsgeschenk in die Hand. Sie hat Marc ein Ferientagebuch geschenkt, in dem er alle Erlebnisse aufschreiben kann. Auf dem Hof angelangt, begrüßt Marc zuerst die neugeborenen Ferkel im Stall. Eines der kleinen Ferkel wird von seiner Mutter nicht akzeptiert. Marc pflegt das mutterlose Tier gern. Er gibt dem Winzling den Namen „Babe". Er schließt Babe sofort in sein Herz und gibt dem Ferkel nun mehrmals am Tag die Flasche. Nach drei Wochen sind die Ferien allerdings vorüber und Marc muss nach Hause fahren. Marcs Großeltern versprechen dem Enkel, dass sie sich um das kleine Schweinchen kümmern, denn schließlich kann er es nicht mit zu seinen Eltern nehmen.

Dativ- oder Akkusativobjekt? – richtig zuordnen

4 Suche aus dem Text je fünf Dativ- und Akkusativobjekte heraus und ordne sie den richtigen Bestimmungen zu.

Dativobjekt	Akkusativobjekt
ihm	

Adverbialien bezeichnen die Umstände eines Geschehens

Adverbialien zuordnen – Leben auf dem Bauernhof

1 Markiere in nachfolgenden Sätzen die Angabe (Adverbiale), die deiner Ansicht nach zum Inhalt passt. Streiche die unpassende Angabe durch.

a) Marcs Großeltern leben *auf einem Bauernhof / schließlich*.

b) Er besucht sie *deutlich / während der Ferien*.

c) *Wegen der Tiere / Ohne Grund* ist er gerne bei ihnen.

d) Er hilft seinem Opa *eifrig / rücksichtslos* bei der Arbeit.

e) *Ganz allein / Von der Arbeit* ist Marc dann sehr müde.

f) *Am nächsten Morgen / Endlich* kann er es kaum erwarten, bis es wieder losgeht.

g) *Abends / Im Hühnerstall* ist er *weniger gerne / dauernd*, denn er fürchtet sich etwas vor den pickenden Hühnerschnäbeln.

Adverbialien einordnen

2 Ordne zu, auf welche Fragen die markierten Adverbialien aus Aufgabe 1 eine Antwort geben.

wann / wie lange? (temporal, Zeit)

während der Ferien

wo ? (lokal, Ort)

warum? (kausal, Grund)

wie? (modal, Art und Weise)

Adverbialien sind einzelne Wörter oder präpositionale Wendungen

Umstellprobe – Adverbialien erkennen

1 Führe bei folgenden Sätzen mündlich die Umstellprobe durch und markiere die Satzgliedgrenzen durch Schrägstriche. Umrahme dann die Satzglieder, die mit einer Präposition beginnen, mit Rot.

Bsp: Im Bett / liest / Marc / vor dem Einschlafen / gerne / noch einen Krimi.

Danach kann er wegen der vielen unheimlichen Geräusche kaum einschlafen.

Nach Mitternacht fallen ihm schließlich die Augen zu.

Am nächsten Abend liest er keinen Krimi im Bett.

2 Ordne die Adverbialien aus dem Wortspeicher dem passenden Umstand zu, unterscheide dabei zwischen Einzelwörtern und den Wendungen mit einer Präposition.

Inhalt	Einzelwort	Präpositionaler Ausdruck
Zeit	dauernd,	am nächsten Morgen,
Ort		
Grund		
Art und Weise		

immer
dort
mit Freude
fröhlich
aufgeregt
in der Schule
gestern
während des Tages
auf dem Hof
mit Freunden
vor Freude
aus Langeweile
~~dauernd~~
hier
deswegen
~~am nächsten Morgen~~
vor Kälte

Adverbialien bestimmen – das Ferienende feiern

3 Notiere hinter den Adverbialien die passenden Fragepronomen und bestimme die Art der Adverbialien.

Liebe Freunde,
ich lade Euch zu einem Ferienabschlussfest am kommenden Samstag zu mir ein. Das Fest beginnt um 15.00 Uhr; nach Kakao und Kuchen werden wir in den Park zum Spielen gehen.

Kreuze bitte die zutreffenden Antworten an!

Ich komme

☐ gerne	wie?	Art und Weise
☐ mit dem Bus		
☐ pünktlich um 15.00 Uhr		
☐ in den Park		

Adverbialien erkennen und zuordnen – eine Entschuldigung

4 Unterstreiche die Adverbialien und ordne sie im Anschluss der richtigen Angabe zu.

Musterstadt, den 11.11.0000

Sehr geehrte Frau Müller,

ich bitte Sie, das Fehlen meines Sohnes Ludwig am heutigen Tag zu entschuldigen.

Er kann wegen einer Erkältung leider nicht zur Schule kommen. Den versäumten

Unterrichtsstoff wird er gewissenhaft nachholen.

Freundliche Grüße

Marie Heffner

Zeit: ______

Ort: ______

Grund: ______

Art und Weise: ______

______

Die Satzglieder auf einen Blick

1 Markiere die richtige Bestimmung der Satzglieder in der zweiten Spalte.
2 Notiere einen Lösungstipp in der rechten Spalte.

Satzbeispiel	Satzglied	Tipp zur Lösung der Aufgabe
a) Die Freunde verabreden sich am Nachmittag zum Volleyballspielen.	Akkusativobjekt Subjekt Dativobjekt	Die Antwort Die Freunde erhält man auf die Frage Wer? oder Was?.
b) Ludwig spielt aber lieber Fußball.	Subjekt Prädikat Adverbiale (modal)	
c) Sie treffen sich vor der Sporthalle.	Adverbiale (lokal) Akkusativobjekt Dativobjekt	
d) Marc hat den Ball vergessen.	Akkusativobjekt Subjekt Dativobjekt	
e) Wieder vor der Halle beginnen die Freunde ein Spiel.	Prädikat Subjekt Dativobjekt	
f) Anna spielt Sandra den Ball zu.	Dativobjekt Akkusativobjekt Subjekt	
g) Sandra verpasst den Ball und fällt auf den Boden.	Adverbiale (temporal) Adverbiale (lokal) Akkusativobjekt	
h) Zum Glück hat sie sich nicht wehgetan.	Subjekt Prädikat Dativobjekt	

i) Am Ende gewinnt Marcs Mannschaft haushoch gegen die anderen.	Dativobjekt Akkusativobjekt Adverbiale (modal)	
j) Die Verlier gratulieren den Gewinnern großherzig.	Dativobjekt Akkusativobjekt Subjekt	
k) Denn (1) beim nächsten Spiel kann (2) alles schon ganz anders aussehen.	Adverbiale (lokal) Subjekt Adverbiale (temporal) Dativobjekt	
l) Zufrieden gehen die Kinder nach Hause.	Akkusativobjekt Subjekt Dativobjekt	
m) Sie haben heute einen wunderbaren Nachmittag verbracht.	Prädikat Subjekt Dativobjekt	

Direkte Rede erkennen und Sprecher identifizieren

Tom Sawyer will nicht in die Schule

1 Lies den Text laut und unterstreiche die direkte Rede, nenne in Klammern den Sprecher (Tom oder Sid).

Toms Krankheit

Sid schnarchte weiter. Da wurde Tom ärgerlich. „Sid, Sid, Sid“, [Tom] schrie er und gab ihm einen Stoß. Das wirkte – und nun ging das Stöhnen von Neuem los. Sid gähnte, reckte sich, stützte sich knurrend auf den Ellbogen und starrte zu Tom hinüber. Der stöhnte weiter. „Was hast du denn, Tom?“, [ ] rief er. Keine Antwort. „Tom, hör doch, was ist denn los?“ [ ] Und er rüttelte ihn und sah ihm angstvoll ins Gesicht.

Tom jammerte: „Ach Sid, lass los, stoß mich doch nicht so.“ [ ] „Ja, was ist denn, Tom? Soll ich die Tante rufen?“ [ ] „Nein, bloß nicht! Es wird schon vorübergehen. Nicht rufen.“ [ ] „Aber ich muss doch, Tom. Stöhn doch bloß nicht so, das ist ja fürchterlich! Wie lange dauert das denn schon? [ ] „Stundenlang! Autsch! Wackel doch nicht so, du bringst mich ja um.“ [ ] „Warum hast du mich denn nicht schon früher geweckt?“ [ ] „Ich verzeih dir alles, Sid, was du mir mal angetan hast. Alles, alles, Sid. Wenn ich tot bin …“ [ ]

2 Unterstreiche in der Fortsetzung der Geschichte die Begleitsätze der direkten Rede und umrahme das Prädikat in den Begleitsätzen.

Tante Polly und Tom

Sid flog die Treppe hinunter und schrie: „Tante Polly, Tante Polly, komm schnell, Tom stirbt.“ „Stirbt?“, fragte sie erstaunt. „Ja doch, komm schnell!“ „Ach Unsinn, wer das glaubt“, meinte sie skeptisch. Trotzdem stürzte sie die Treppe hinauf, Sid und Mary hinterher; und ihr Gesicht war ganz weiß und ihre Lippen zitterten. Als sie am Bett stand, keuchte sie: „Tom, was gibt's denn, was ist los?“

3 Lies den Text laut, unterstreiche die direkte Rede und füge in die Fortsetzung der Geschichte die fehlenden Satzzeichen für die direkte Rede ein.

Ach, Tante, ich ... , setzte Tom an. Was gibt´s denn – sag doch nur, Kind, was fehlt dir? Ach, Tante, ich ... ich ... mein schlimmer Zeh tut so schrecklich weh – ich glaub ... er ... ich glaub ... ich hab eine Blutvergiftung. Die arme alte Tante sank in einen Stuhl, lachte ein bisschen, weinte ein bisschen, tat dann beides zusammen, was ihr soviel Erleichterung verschaffte, dass sie wieder Worte fand Tom Bengel, wie hast du mich erschreckt. Jetzt aber genug mit dem Unsinn und mach, dass du aus dem Bett kommst

Die Zeichensetzung bei der direkten Rede

4 Lies dir die Regeln zur Zeichensetzung bei der direkten Rede und den dazugehörigen Beispielsatz durch. Setze dann in folgenden Sätzen die fehlenden Satzzeichen.

→ Steht der **Begleitsatz vor der direkten Rede**, so wird diese durch einen Doppelpunkt eingeleitet. Das erste Wort der direkten Rede wird großgeschrieben.

Beispiel: Tante Polly meinte: „Du siehst gar nicht krank aus."

Tom sagte Ich habe eine Blutvergiftung. Die Tante rief Ach du meine Güte!

Tom fuhr fort Ich habe auch schlimme Schmerzen.

→ Steht der **Begleitsatz nach der direkten Rede**, so wird er durch ein Komma von der direkten Rede getrennt. Besondere Satzzeichen, wie Frage- und Ausrufezeichen werden notiert, ein Punkt als Satzschlusszeichen wird jedoch nicht gesetzt.

Beispiel: „Warum glaubst du das?", wollte die Tante wissen.

Ich sterbe rief Tom dramatisch. Bist du sicher fragte Sid besorgt. Ich glaube schon meinte Tom.

→ **Unterbricht der Begleitsatz die direkte Rede**, so wird dieser durch zwei Kommas von der direkten Rede getrennt. Der zweite Teil der direkten Rede wird kleingeschrieben, wenn der Satz noch nicht vollendet ist. Beginnt im zweiten Teil ein neuer Satz, schreibt man den Satzanfang groß.

Beispiel: „Ich kann mir nicht vorstellen", sagte Tante Polly, „dass du ernsthaft krank bist."

Du hast mir meinte Tante Polly einen großen Schrecken eingejagt.

Ich bin sehr krank erwiderte Tom Warum glaubst du mir nicht

Bekannte Wortarten erkennen

Seite 7

1 Verben: spielen, lachen, fahren
Nomen/Substantiv: Auto, Witz, Klavier
Artikel: der, das, ein
Präpositionen: in, auf, über
Adjektive: lustig, schön, rot
Personalpronomen: ich, wir, sie

2 Ich fahre in einem roten Auto.
z.B.: Sie lacht über einen lustigen Witz.
Wir spielen auf einem schönen Klavier.
oder: Wir lachen über den lustigen Witz.
Sie spielt auf dem schönen Klavier.

Verb

Verben erkennen

Seite 8

1

		S	C	H	R	E	I	B	E	N
		P								
Z	E	I	C	H	N	E	N			S
		E	R							I
		L	E	S	E	N				N
		E	C			T	Z			G
		N	H			U	A			E
			N			R	E		H	N
M	A	L	E	N		N	H		O	
		A	N			E	L		E	
		U				N	E		R	
		F					N		E	
H	U	E	P	F	E	N			N	
		N								

2 Am ersten Schultag treffen sich alle Fünftklässler in der Aula. Sie lernen ihre Lehrer und ihr Klassenzimmer kennen. Schon in der Pause spielen alle im Pausenhof Fangen. An diesem Tag bekommen sie keine Hausaufgaben, vergnügt verlassen die Kinder am Mittag die Schule und erzählen ihren Eltern von diesem schönen ersten Schultag.

Seite 9

3 mit dem Seil hüpfen, eine Strecke laufen, einen Ball werfen / fangen, zu Musik tanzen, Fußball spielen, über Hürden springen, ein Tor schießen, im Wasser schwimmen

Seite 10

Versteckte Verben erkennen und fehlende Verben einsetzen

1 Klassenfeier - feiern, Hausaufgaben – aufgeben, Schreibtisch – schreiben, Lehrerzimmer – lehren, Klassentreffen – treffen, Unterrichtstunde – unterrichten, Übung – üben, Sitzkreis – sitzen, Wochenplan – planen, Lesetext – lesen, Schulausflug – fliegen, Sprechtag – sprechen, Schulspiel – spielen, Radiergummi – radieren

2 Oje, jetzt ist es schon fünf vor acht. Hoffentlich komme ich noch rechtzeitig in die Schule, In der ersten Stunde haben wir Kunst, da möchte ich auf keinen Fall zu spät kommen. Doch was ist das? In der Schule brennt noch kein Licht. Wie kann das sein? Komisch, auf der Schuluhr ist es erst sieben Uhr. Jetzt fällt es mir ein, heute wird die Zeit umgestellt und ich bin eine Stunde zu früh.

Infinitive bilden

Seite 11

1 auswählen, anschauen, aussprechen, aufschreiben, notieren, nehmen, mischen, wissen, legen, wiederholen, wissen

Durch Verben Aufforderungen formulieren – der Imperativ

2 Schreibt euch die Hausaufgaben auf! Lernt die Vokabeln bis übermorgen! Achtet auf die Aussprache! Fragt jetzt, falls ihr etwas nicht wisst!

Substantive/Nomen sind Namengeber

Seite 12

1–3

Lebewesen: Mädchen, Menschen, Kind, Besucher, Menschenwesen, Leute, Bewohnerin, Beppo, Straßenfeger.
Gegenstände: Rand, Stadt, Theaterruine, Locken, Augen, Füße, Rock, Männerjacke, Bühne, Ruine, Essen, Kleidung, Radio,
abstrakte Begriffe: Mühe, Tag, Aussehen, Zuhause, Erlebnisse, Geschichte, Zeit, Ausstrahlung, Fest

Seite 13

4 a) besuchen: Die Menschen sind Besucher. b) bewohnt: Sie ist die Bewohnerin. c) hört zu: Sie ist eine gute Zuhörerin. d) rauben: Sie sind Räuber. e) wird gerettet: Am Ende gibt es eine Rettung.

5 a) Kraft durch Zauber, b) Räuber von/der Zeit, c) Mähne aus Locken, d) Feger von der Straße

Artikel begleiten ein Substantiv/Nomen

1 Sicher kennt ihr die Geschichte von Momo, einem/dem kleinen Mädchen, das die Menschen verzaubern kann. Sie wurde in einer Theaterruine gefunden, die am Rande einer großen Stadt lag. Eines Tages kommt ein grauer Herr zu der kleinen Momo, er will, dass sie aufhört, den Menschen Zeit zu schenken. Denn die Zeit wollen die grauen Herren selbst den Menschen nehmen. Am Ende gelingt es dem kleinen Mädchen, den Zeitdieben zu entkommen und den Menschen die Freude am Leben zurückzugeben.

2

a) Die Person ist unbekannt
b) Die Person ist bekannt.
c) Eine Aussage, die für alle gilt.

Adjektive sind Eigenschaftswörter

Seite 14

2 Im alten Griechenland gab es viele Festspiele. Die Spiele in Olympia waren dabei besonders berühmt. Bei diesen sportlichen Wettkämpfen durften aber nur griechische Bürger teilnehmen. Der Sieger erhielt einen grünen Zweig des heiligen Ölbaumes von Olympia und außerdem hohe Auszeichnungen in seiner Heimatstadt.

3

a) Die Spiele sind bekannt.
b) Die Menschen sind interessiert.
c) Die Fahne ist bunt.
d) Sie sind ehrgeizig.
e) Sie sind nervös.
f) Die Sieger sind berühmt.

Seite 15

4

a) die bekannten Spiele
b) die interessierten Menschen
c) die bunte Fahne
d) die ehrgeizigen Olympiateilnehmer
e) die nervösen Sportler
f) die berühmten Sieger

5

die beeindruckende Leistung – die beeindruckenden Leistungen
die erschöpfte Sportlerin – die erschöpften Sportler
der spannende Wettkampf – die spannenden Wettkämpfe

Adjektive lassen sich steigern

1

a) groß: Läufer C ist größer als Läufer A. Läufer B ist größer als Läufer C und A; er ist am größten.
b) schnell: Läufer C war zwar schnell, doch schneller waren die Läufer A und B. Am schnellsten war allerdings Läufer B.
c) gut: Alle sind gute Sportler, auch wenn A und B besser waren als C. Am Ende heißt es: Nur der Beste kann gewinnen.

Seite 16

2

Sportler A/C – Alter: Sportler A ist jünger als B.
Sportler D/A – Gewicht: Sportler D ist genauso schwer wie Sportler A.
Sportler B/C – Größe: Sportler B ist kleiner als C
Sportler C/D – Speerwurf: Sportler C wirft weiter als Sportler D
Sportler B/D – Alter: Sportler B ist jünger als D
Sportler B/C – Alter: Sportler B ist genauso alt wie C.

3

A ist am jüngsten.
B ist am kleinsten und wirft am weitesten.
C ist am größten und am schwersten.
D ist am ältesten und wirft am schlechtesten.

4 Obwohl der Läufer schneller war als seine Konkurrenten, hat er nicht gewonnen. Er ist früher als die anderen losgelaufen. Die Hochspringerin sprang in diesem Wettkampf höher als sie es je getan hatte. Sie war am Ende besser als alle anderen. Der Gewichtheber aus Deutschland hob die gleichen Gewichte wie der Sportler aus Italien. Zum Schluss hatte der Italiener aber mehr Kraft als der Deutsche und gewann.

Zahladjektive bezeichnen eine Menge oder Rangfolge

Seite 17

1 *Reporter*: „Herzlichen Glückwunsch zu Ihrem dritten Platz beim Langstreckenlauf. Sind Sie zufrieden mit ihrer Leistung?"
Sportlerin: „Natürlich freue ich mich über die Medaille, vor allem bei den vielen Konkurrentinnen um die drei vorderen Plätze. Mit so einem guten Ergebnis habe ich tatsächlich nicht gerechnet. Die meisten anderen Läuferinnen waren sehr gut vorbereitet und ich hatte etwas Angst, dass meine Verletzung vom Vorjahr noch nicht völlig ausgeheilt ist."
Reporter: „Werden Sie sich die übrigen Läufe noch anschauen?"
Sportlerin: „Den Staffellauf der Frauen möchte ich unbedingt noch sehen, denn schließlich haben wir in unserem Team gute Chancen auf einen ersten Platz. Auch der Marathon interessiert mich sehr, in beiden Disziplinen haben wir sehr gute Sportler. Aber danach werde ich noch zwei Wochen mit Freunden das Land bereisen."
Reporter: „Dann kann ich Ihnen nur noch alles Gute für die weiteren Tage wünschen und hoffe, Sie bei den Weltmeisterschaften wieder ganz vorne zu sehen."
Sportlerin: „Ich danke Ihnen."

2 genaue Angabe: dritter Platz, drei vorderen Plätze, ersten Platz, beiden Disziplinen, zwei Wochen
ungefähre Angabe: viele Konkurrentinnen, meisten anderen Läuferinnen, etwas Angst, übrigen Läufe, alles Gute, weiteren Tage

Personalpronomen ersetzen Substantive/Nomen

Seite 18

1

a) Schneewittchens Haare sind wie Ebenholz. **Sie** sind schwarz.
b) Die Stiefmutter mag Schneewittchen nicht. **Sie** ist eifersüchtig auf ihre Schönheit.
c) Sie beauftragt einen Jäger. **Er** soll die Tochter entführen und töten.
d) Als der Jäger Schneewittchen sieht, kann er **ihm** nichts antun.
e) Er setzt das Mädchen im Wald aus, damit **es** nicht in die Fänge der Mutter gerät.
f) Im Wald entdeckt Schneewittchen ein kleines Haus. **Es** gefällt ihr sehr gut.
g) Die Zwerge nehmen Schneewittchen bei sich auf. **Sie** mögen **es** sehr.
h) Viele Kinder kennen das Märchen von Schneewittchen. **Es** wurde **ihnen** oft vorgelesen.

2 Schneewittchen spricht von sich: ich
Der Jäger spricht Schneewittchen an: du
Die Zwerge nennen den König, seine Frau und ihr Kind:
er sie es
Die Zwerge reden über sich: wir
Schneewittchen spricht die Zwerge an: ihr
Der Prinz spricht über die Zwerge: sie

Seite 19

3 Die Stiefmutter fragt: „Spieglein, Spieglein an der Wand, bin ich die Schönste im ganzen Land?" Er antwortet: „Ihr seid die Schönste hier, doch Schneewittchen ist tausendmal schöner als Ihr." Die Königin ärgert sich sehr, sie will, dass die Tochter verschwindet. Schneewittchen soll von einem Jäger entführt und getötet werden. Doch er kann dem Mädchen nichts antun und setzt es im Wald aus, um es vor der bösen Königin zu schützen. Schneewittchen lernt im Wald die sieben Zwerge kennen und fragt sie: „Könnt ihr mir helfen, denn alleine komme ich nicht weiter?" Die Zwerge antworten: „Natürlich helfen wir dir!", denn sie mögen das Königskind sehr.

Possessivpronomen geben den Besitz an

1

a) Der Stuhl gehört mir. Es ist mein Stuhl.
b) Das Bettchen gehört dir. Es ist dein Bettchen.
c) Das Tellerchen gehört ihm. Es ist sein Tellerchen.
d) Das Tellerchen gehört ihr nicht. Es ist nicht ihr Tellerchen.
e) Das Haus gehört uns. Es ist unser Haus.
f) Ihr müsst die Entscheidung treffen. Es ist eure Entscheidung.
g) Die Haarbürste gehört nicht den Zwergen. Sie gehört ihnen nicht.
h) Sie teilen die Sachen mit Schneewittchen. Es sind ihre Sachen.

Seite 20

2	**Personalpr.**	**Possessivpr.**
Stiefmutter: „Schönes Kind, willst **du** einen von **meinen** Äpfeln haben?"	**du**	**meinen**
Schneewittchen: „Einen Apfel hätte **ich** gerne, aber **ich** habe **meinen** Freunden, den Zwergen, versprochen, dass **ich ihre** Türe niemandem öffne."	**ich ich** **ich**	**meinen** **ihre**
Stiefmutter: „**Wir** können ja beide von **ihm** kosten, zum Beweis, dass **du meinem** Angebot trauen kannst."	**Wir** **ihm** **du**	**meinem**
Schneewittchen: „**Ich** wüsste nicht, was gegen **deinen** Vorschlag sprechen könnte."	**Ich**	**deinen**

3 Der König vermisst **seine** Tochter, die Stiefmutter hasste sie wegen **ihrer** Schönheit. Die Zwerge nahmen das Mädchen bei sich auf, denn in **ihrem** Haus war genug Platz. Sie teilten **ihr** Essen gerne mit der Königstochter. **Ihre** größte Sorge war, dass **ihrem** schönen Gast etwas Schlimmes geschehen konnte. Denn schließlich sagte Schneewittchen: „**Meine** Stiefmutter will **meinen** Tod." Am Ende freuen sich die Zwerge mit Schneewittchen, dass ein Prinz sie zu **seiner** Frau machte.

Demonstrativpronomen machen unverwechselbar

Seite 21

1 Ein Zwerg beklagt sich: „Ich mag dieses Bettchen nicht, es ist zu hart. Jenes dort hinten sieht viel weicher aus. Außerdem schaut man von jenem Fenster auf die Wiese und das gefällt mir viel besser als diese Aussicht vor meiner Nase." Der älteste Zwerg ärgert sich über diese Klagen des jüngsten: „Solch ein Gemecker will ich nicht mehr hören." Der Jüngste aber hörte nicht auf seine Ermahnung und beklagt sich: „Diese Suppe mag ich aber gar nicht, warum kochen wir nicht mal wieder jene, die es früher immer gab?" Der Zwergenkoch antwortet: „Wenn dir dieses Essen nicht schmeckt, solltest du in Zukunft selbst kochen." Dies wollte der freche Zwerg aber auch nicht, kleinlaut sagte er: „Ich glaube, diese Suppe ist doch gar nicht so schlecht."

2 Als Schneewittchen einige Zeit verschwunden war, befragte die böse Stiefmutter wieder ihren Spiegel: „Wer ist die schönste im ganzen Land?" Dieser Spiegel verärgerte die Stiefmutter sehr, denn er gab dieselbe Antwort wie beim letzten Mal: „Ihr seid die schönste hier, aber Schneewittchen hinter den Bergen, bei den sieben Zwergen, diese ist tausendmal schöner als ihr!" „Oh, Spiegel, müsst ihr solche Antworten geben?! Ich kann es nicht mehr hören! Diener, komm herbei! Wir müssen einen Plan schmieden! Derjenige, der mich hindert, Schneewittchen zu beseitigen, muss erst noch geboren werden! Der Diener dachte bei sich: „Diese entsetzliche Königin! Kann sie nicht einfach einmal zufrieden sein?"

Fragepronomen schaffen Klarheit

Seite 22

1

a) Das Mädchen ist Schneewittchen. **Wer** ist Schneewittchen?
b) Die Stiefmutter gibt dem Mädchen einen Apfel zu essen. **Wem** gibt die Stiefmutter einen Apfel zu essen?
c) Die Tochter des Königs wird vom Prinzen wachgeküsst. **Wessen** Tochter wird vom Prinzen wachgeküsst?
d) Das Mädchen verdankt dem Prinzen sein Leben. **Wem** verdankt das Mädchen sein Leben?
e) Schließlich geht alles gut aus und die Königstochter heiratet den Lebensretter. **Wen** heiratet die Königstochter?

2

a) Der Jäger wer? (Nominativ) füllt dem Wolf wem? (Dativ) Steine in den Bauch.
b) Er rettet Rotkäppchen und seine Großmutter wen? (Akkusativ) vor dem gefräßigen Tier.

c) Aschenputtels wessen? (Genitiv) linker Schuh geht auf dem Ball verloren.
d) Hänsel und Gretel vertrauten der bösen Hexe wem? (Dativ).
e) Der Frosch will die schöne Königstochter wen? (Akkusativ) küssen.
f) Die Prinzessin wer? (Nominativ) klagt über eine Erbse in ihrem Bett.
g) Die Gebrüder Grimm haben die Märchen wen? (Akkusativ) gesammelt und aufgeschrieben.

Adverbien benennen Umstände und verändern sich nicht

Seite 23

1 immer, zusammen, morgens, meistens, draußen, danach, seit, nachmittags, gemeinsam, danach

2 und 3
a) David steht nie früh auf.
b) David liest abends.
c) David schläft im Hochbett unten.
d) David ist immer/oft pünktlich
e) David ist im Sommer gerne drinnen.
f) David macht seine Hausaufgaben alleine.

4 Zeit (temporal) – wann ?: neulich, heute, gestern
Ort (lokal) – wo?: hier, dort, oben, unten
Art und Weise (modal) – wie?: gerne, leider, bereitwillig
Grund (kausal) – warum?: wegen des Regens, ohne Grund, vor Langeweile

Seite 24

5 doch wegen des schönen Wetters: kausal	4
immer in den Ferien: temporal	1
draußen im Park: lokal	2
lange vor dem Abendessen: temporal	1
gerne im Park spielen: modal	3
niemals alleine: modal	3
dort im Kino: lokal	2
unterwegs mit Freunden: modal	3
deshalb zufrieden: kausal	4
Punktzahl:	23 Punkte

Frageadverbien klären Sachverhalte

1
a) Wann?
b) Wie lange?
c) Wohin?
d) Wie? Womit?
e) Weshalb? Wodurch?
f) Warum? Wieso?

2
a) Wann gehe ich zur Schule?
b) Wie lange lerne ich Englisch?
c) Wohin schreibe ich die Vokabeln?
d) Wie/Womit fällt mir das Lernen leicht?
e) Weshalb/Wodurch fühle ich mich gut vorbereitet?
f) Warum/Wieso spiele ich manchmal Schule?

Präpositionen benennen die Verhältnisse

Seite 25

1 Meine Mutter sitzt neben mir, hinter uns steht mein Vater. Auf meinem Arm trage ich unsere Katze. Neben mir steht mein Bruder. Vor ihm liegt unser Hund. Im Wagen liegt das Baby. An der Wand hängt ein Bild. Hinter dem Kinderwagen befindet sich ein Bücherregal. Zwischen diesem Regal und dem Bild ist eine Stehlampe.

Seite 26

2 Sonntags mache ich mit meiner Familie immer einen Ausflug. Im Sommer fahren wir oft an einen See. Wir werden dann schon um sieben Uhr geweckt, nach dem Frühstück packen wir unsere Badesachen und steigen in unser Auto. Seit Kurzem kann mein Bruder auch ohne Schwimmflügel ins Wasser, denn er hat während der Ferien das Seepferdchen gemacht. Er ist sehr stolz auf sein Abzeichen und trägt es immer mit sich, aus Sorge, dass er es verlieren könnte. Nach dem Schwimmen spiele ich mit meinem Bruder Karten, während meine kleine Schwester in ihrem Wagen liegt und schläft.

3
a) wo? Dativ
b) wohin? Akkusativ
c) worüber? Akkusativ
d) wonach? Dativ
e) womit? Dativ
f) wovor? Dativ
g) worin? Dativ/wovor? Dativ

Konjunktionen verbinden Satzglieder oder Sätze

1 Susanne und Paul treffen sich nach der Schule, denn sie wollen gemeinsam ein Geschenk für ihre Freundin Tina aussuchen, weil sie am Samstag ihren Geburtstag feiert. Die beiden können sich nicht einigen, ob sie Tina lieber ein spannendes Buch oder ein Spiel schenken wollen. Susanne möchte lieber einen Krimi verschenken, denn sie weiß, dass Tina gerne Kriminalgeschichten liest. Obwohl Paul keine Leseratte ist, stimmt er dem Vorschlag zu.

Seite 27

2
a) Tina öffnet das Geschenk, weil sie neugierig ist.
b) Sie lacht laut, nachdem sie das Paket geöffnet hat.
c) Alle wundern sich, weil sie lacht.
d) Tina muss lachen, da sie Susanne letztes Jahr das gleiche Buch geschenkt hat.
e) Susanne ist ihr Missgeschick peinlich, sodass sie rot wird.
f) Paul weiß nicht, ob er lachen oder Susanne bemitleiden soll.
g) Susanne und Paul wollen Tina zum nächsten Geburtstag einen Büchergutschein schenken.

3 da, nachdem, sodass, weil, ob

Gesamtübung I

Seite 28

1 und 2

Substantive/Nomen: das Rebhuhn, der Fuchs, der Fuß, die Rose, der Schnnabel, die Koralle, das Auge, die Träne, die List, der Scharfsinn, der Name, der Rachen, die Leute
Verben: sitzen, kommen, sagen, aussehen, sein, glänzen, schlafen, glauben, schließen, herunterholen, bewundern, heißen, können, auffressen, wollen, aufmachen, entwischen, meinen, müssen, reden, versetzen, gelten, wachen
Adjektive: gut, schön, betrübt, nötig, schläfrig, notwendig
Personalpronomen: ihm, du, es, mir, mich, ich
Possessivpronomen: deine, dein, seinen
Konjunktionen: und, wenn, dann, als
Adverbien: irgendwo, hoch, oben, gleich, herunter

Seite 29

1. Zu jedem Verb lässt sich ein Infinitiv bilden. R
2. Substantive/Nomen schreibt man nur am Satzanfang groß. F
3. Temporaladverbien geben den Grund an. F
4. Artikel nennt man auch Eigenschaftswörter. F
5. Konjunktionen verbinden Sätze oder Satzglieder miteinander. R
6. Lokaladverbien geben einen Ort an. R
7. „jener“ ist kein Demonstrativpronomen. F
8. Nach Präpositionen stehen Substantive/Nomen in einem bestimmten Kasus. R
9. Der Imperativ ist die Befehlsform. R
10. Possessivpronomen gibt es nur im Singular. F
11. „oder“ ist eine Präposition. F

Verben konjugieren

Verben verändern sich: konjugieren

Seite 30

1 Markus, Simon und Alexandra sprechen auf dem Nachhauseweg über ihre Zukunftspläne. Markus erzählt: „Ich werde mal ein großer Erfinder.“„Was **erfindest** du denn, wenn du groß bist?“, fragt Alexandra spöttisch. „Ich **erfinde** die schwerelose Schultasche“, antwortet Markus selbstbewusst, „dann freuen sich alle Schüler und bewundern mich.“ „Oh ja, dann **erfinden** wir auch noch eine Aufsatzmaschine, dann bekommen wir sicher einen Nobelpreis“, meint Simon begeistert. „Ihr **erfindet** nur Traumschlösser und sonst nichts“, widerspricht Alexandra, „und Simon **erfindet** höchstens eine gute Ausrede, warum er den Aufsatz für die nächste Deutschstunde nicht schreiben konnte.“ Und so gehen sie weiter und **erfinden** alles Mögliche. Bis sie zu Hause sind, träumt auch Alexandra davon, eine berühmte Erfinderin zu werden.

2

1. Person	ich erfinde	wir erfinden
2. Person	du erfindest	ihr erfindet
3. Person	er/sie/es erfindet	sie erfinden

Seite 31

3 Markus (Sg.) erzählt seinen Freunden von seinen Zukunftsplänen. Er (Sg.) verrät ihnen, dass er Erfinder werden will. Die Freunde (Pl.) fragen genauer nach. Alexandra (Sg.) erkundigt sich, welche Art von Erfindungen er machen will. Markus (Sg.) erklärt den beiden die Idee von der schwerelosen Schultasche. Alexandra und Simon (Pl.) behaupten, dass sie nun auch berühmte Erfinder werden wollen. Simon (Sg.) sagt sogar, er wolle den Nobelpreis erhalten.

Die Personalformen des Verbs

1 Unsere Schrift ist schon sehr alt, seit 5000 Jahren existiert die Keilschrift. Die Menschen verfassten Nachrichten, die sie in weichen Ton ritzten. Die Verbreitung solcher Texte war aber nicht einfach. Es dauerte noch viele tausend Jahre, bis Johannes Gutenberg im 15. Jahrhundert eine Methode entwickelte, bei der man bewegliche Lettern (Buchstaben) verwendete und mit ihrer Hilfe Buchseiten druckte und in hoher Zahl vervielfältigen konnte. Seine ersten Druckerzeugnisse waren ein Kalender und eine lateinische Schulgrammatik.

Seite 32

2 a) Die Buchdrucker brauchen viele Arbeitsschritte bis zur Fertigstellung des Buches.
b) Die Setzer setzen die Lettern in der richtigen Reihenfolge in die Druckform.
c) Die Druckergesellen färben die Lettern mit einem Lederballen aus Hundehaut,
d) denn die Hundehäute saugen die Farbe nicht ein.
e) Dann legen die Gesellen einen Bogen Papier auf die Druckform.
f) Die Drucker pressen die Bögen auf die Druckform.
g) Die Papiere trocknen anschließend mehrere Stunden.

Seite 33

3

schreib-e	1. Ps. Sg.	schreiben	schreib-
antwort-est	2. Ps. Sg.	antworten	antwort-
erfind-et	3. Ps. Sg.	erfinden	erfind-
les-en	1. Ps. Pl.	lesen	les-
interessier-t	2. Ps. Pl.	interessieren	interessier-
gefall-en	3. Ps. Pl.	gefallen	gefall-
leih-e	1. Ps. Sg.	leihen	leih-
erklär-t	3. Ps. Sg.	erklären	erklär-

Unregelmäßige Verben

1 „Wo bist du so lange gewesen?“, fragt Alexandras Mutter ihre Tochter. Ich bin doch gar nicht unpünktlich“, entgegnet Alexandra, „Uli ist ja auch noch nicht zu Hause.“ „Ihr seid beide spät dran“, reagiert die Mutter. In diesem Augenblick eilt der Bruder Uli in die Küche und ruft außer Atem: „Wir sind sonst aber immer pünktlich.“ „Stimmt“, gibt die Mutter zu, „jetzt ist es aber Zeit, sonst wird das Essen noch kalt.“ „Zum Glück hat schon einer den Herd erfunden, sonst müssten wir das Essen über offenem Feuer erwärmen!“, meint Alexandra verträumt. „Was dir nur immer einfällt?“, sagt die Mutter kopfschüttelnd.

Seite 34

2

1. Person	ich bin	wir sind
2. Person	du bist	ihr seid
3. Person	er/sie/es ist	sie sind

3

geben:	du gibst (e>i)
mögen:	ich mag (ö>a)
einladen:	du lädst ein (a>ä)
befehlen:	er/sie/es befiehlt (e>ie)
können:	ich kann (ö>a)
essen:	du isst (e>i)

4

graben:	du gräbst (a>ä)
laufen:	er/sie/es läuft (au>äu)
müssen:	du musst (ü>u)
empfehlen:	er/sie/es empfiehlt (e>ie)
lesen:	du liest (e>i)
nehmen:	er/sie/es nimmt (e>i)

Seite 35

5 Markus empfiehlt seinem Freund Simon ein Buch über Erfinder. Der Freund liest das Buch an einem Tag, dann gibt er es Markus zurück. Zum Dank lädt Simon ihn zu einem Eis ein. Weil es so heiß ist, essen sie es sehr schnell.

Präfixe: Vorsilben verändern die Bedeutung

1 Daniel Düsentrieb ist ein berühmter Erfinder. Er findet in seinem Haus ständig Gegenstände, die er noch verbessern kann. Und dann erfindet er wieder etwas Nützliches, zum Beispiel den automatischen Rückenkratzer. Geld findet er allerdings uninteressant, sodass er weder eine Geldmaschine noch eine Diamantenpresse erfunden hat. Seine Freunde finden ihn genial, denn er erfindet immer wieder erstaunliche Dinge, die er ihnen vorstellt.

2 bekommen, bekennen, belaufen
verkommen, verkennen, verlaufen
erkennen, erflehen
entkommen, entlaufen, entschlüpfen
zerlaufen, zerplatzen

Die Tempora: Präsens und Präteritum

Seite 36

1 Meine beste Freundin heißt Stella. Wir lernten uns kennen, als sie **vor drei Jahren** in das Nachbarhaus zog. **Gestern** besuchte ich Stella, denn wir wollten ihr neues Fernrohr ausprobieren. Am Abend beobachteten wir die Sterne, denn **in der vergangenen Nacht** konnte man besonders viele Sternschnuppen sehen. Erfüllen uns die Sternschnuppen in dieser Nacht vielleicht einen Wunsch?

2 und 3 Heute schauen wir die Sterne an. Gestern schauten wir die Sterne an.
Heute hoffen wir, Sternschnuppen zu sehen. Gestern hofften wir, Sternschnuppen zu sehen.
Heute probieren wir das Fernrohr aus. Gestern probierten wir das Fernrohr aus.
Heute schenke ich ihr ein Sternenbuch. Gestern schenkte ich ihr ein Sternenbuch.
Heute warten wir auf gutes Wetter. Gestern warteten wir auf gutes Wetter.
Heute stellen wir das Fernrohr auf. Gestern stellten wir das Fernrohr auf.
Heute übernachte ich bei meiner Freundin. Gestern übernachtete ich bei meiner Freundin.

Seite 37

4

regelmäßige Verben: er lachte, wir sagten, sie siegte, es regnete, ihr stelltet, er lehrte, es schneite
unregelmäßige Verben: sie gingen, ich sang, ich fuhr, er lief, sie sahen

Seite 38

5 Gottfried Daimler lebte von 1834 bis 1900. Er erfand zusammen mit seinem Freund Wilhelm Maybach das erste Auto. Die beiden Männer montierten einen Motor an ein Kutschfahrgestell und fuhren ihre Erfindung im Jahr 1886 durch Deutschland. Der Ingenieur Karl Benz konstruierte ebenfalls ein Fahrzeug mit Verbrennungsmotor. Die Menschen gelangten nun schneller von einem Ort zum anderen. Diese nützliche Erfindung hatte allerdings auch Nachteile, denn die Abgase schadeten schon bald der Umwelt. Seit einiger Zeit forschen Wissenschaftler nach umweltfreundlicheren und sparsameren Motoren.

6

Präteritum	**Präsens**
Gottfried Daimler lebte	Gottfried Daimler lebt
Er erfand	Er erfindet
Sie montierten	Sie montieren
Sie fuhren	Sie fahren
Karl Benz konstruierte	Karl Benz konstruiert
Die Menschen gelangten	Die Menschen gelangen
Die Erfindung hatte	Die Erfindung hat
Die Abgase schadeten	Die Abgase schaden

Seite 39

7

1.Ps. Sg. fahren	ich fuhr (unregelmäßig)
3. Ps. Pl. rollen	sie rollten (regelmäßig)
3. Ps. Sg. montieren	er/sie/es montierte (regelmäßig)
1. Ps. Pl. laufen	wir liefen (unregelmäßig)
1. Ps. Sg. antreiben	ich trieb an (unregelmäßig)
2. Ps. Pl. konstruieren	ihr konstruiertet (regelmäßig)

Die Tempora: Präteritum und Perfekt

Seite 39

1 Gestern habe ich einen Film über die Erfindung der Eisenbahn im Fernsehen gesehen. Heute Morgen bin ich gleich in die Bibliothek gegangen und habe mir ein Buch über den Erfinder der Eisenbahn ausgeliehen. Das Buch hat mir so gut gefallen, dass ich es in einem Rutsch gelesen habe. Darüber habe ich ganz vergessen, dass ich meiner Mutter versprochen habe, mein Zimmer aufzuräumen. Jetzt habe ich mich heute verabredet und schon wieder keine Zeit fürs Aufräumen.

Seite 40

2

Infinitiv	**Hilfsverb**	**Partizip II**
sehen	habe	gesehen
gehen	bin	gegangen
ausleihen	habe	ausgeliehen
gefallen	hat	gefallen
lesen	habe	gelesen
vergessen	habe	vergessen
versprechen	habe	versprochen
verabreden	habe	verabredet

3 In einem Geschichtsbuch steht: Der Brite Richard Trevithick erfand die erste Dampflokomotive. Bald fuhr die Lok zwischen London und Birmingham. In Deutschland bestaunten die Menschen die Dampfeisenbahn, die zuerst zwischen den bayerischen Städten Fürth und Nürnberg pendelte. Anfangs fürchteten sich viele Leute vor dem dampfenden Gefährt. Doch schon bald nutzte man die Eisenbahn für den Transport von Gütern und Menschen, denn sie war viel schneller als die Kutsche.

Seite 41

4 Simone sagt im Geschichtsunterricht: Der Brite Richard Trevithick hat die erste Dampflokomotive erfunden. Bald ist die Lok zwischen London und Birmingham gefahren. In Deutschland haben die Menschen die Dampfeisenbahn bestaunt, die zuerst zwischen den bayerischen Städten Fürth und Nürnberg gependelt ist. Anfangs haben sich viele Leute vor dem dampfenden Gefährt gefürchtet. Doch schon bald hat man die Eisenbahn für den Transport von Gütern und Menschen genutzt, denn sie ist viel schneller als die Kutsche gewesen.

5

Der Zug mit der Lokomotive namens „Adler" fuhr (3. Ps. Sg. Prät.) im Jahr 1835 von Fürth nach Nürnberg. Zahlreiche Menschen haben das Spektakel beobachtet (3. Ps. Pl. Perfekt). Ein Junge rief (3. Ps. Sg. Prät.): „Ich fahre (1. Ps. Sg. Präs.) mit!" Seine Mutter hat ihm entgegnet (3. Ps. Sg. Perfekt): „Niemals, das ist (3. Ps. Sg. Präs.) viel zu gefährlich." Doch der Sohn bestand (3. Ps. Sg. Prät.) auf seiner Ansicht. Die Antwort der Mutter hörte man (3. Ps.Sg. Prät.) nicht mehr, weil der Lärm der Lokomotive zu groß war (3. Ps. Sg. Prät.).

Die Tempora im Überblick

Seite 42

1 ich entdecke – ich entdeckte – ich habe entdeckt
du siehst – du sahst – du hast gesehen
er forscht – er forschte – er hat geforscht
sie untersuchen – sie untersuchten – sie haben untersucht
er dampft – er dampfte – er hat gedampft
sie rollt – sie rollte – sie ist gerollt
er will – er wollte – er hat gewollt
sie lesen – sie lasen – sie haben gelesen
es regnet – es regnete – es hat geregnet
ihr könnt – ihr konntet – ihr habt gekonnt

2 Seit Jahren forschen Wissenschaftler nach umweltfreundlichen Energiequellen. Sie untersuchen die Möglichkeit, aus Wind, Wasser und Sonne Energie zu gewinnen. **Schon in alten Zeiten** nutzten die Menschen diese Kräfte; **im alten Persien** trieb Wasser und Wind Mühlen an, in denen man Getreide mahlte. **Heute** verwandeln Windkraftwerke den Wind in elektrische Energie. Auch die Kraft der Sonne kannte man bereits **seit Längerem**. **Im Jahr 1861** patentierte man ein Sonnenmotor. Mit dieser Konstruktion nutzte man die gebündelte Sonnenkraft zur Erwärmung von Wasser. Der Erfinder erklärte stolz: „Mit dieser Erfindung hat die Technik einen großen Schritt nach vorn gemacht."

Substantive/Nomen deklinieren

Substantive/Nomen verändern sich: deklinieren

Seite 43

1 Eines **T**ages stand **H**err **F**usi in der **T**ür seines **L**adens und wartete auf **K**undschaft. Der **L**ehrjunge hatte frei und **H**err **F**usi war allein. Er sah zu, wie der **R**egen auf die **S**traße platschte, es war ein grauer **T**ag und auch in **H**errn **F**usis **S**eele war trübes **W**etter. Mein **L**eben geht so dahin", dachte er, „mit **S**cherengeklapper und **S**eifenschaum. Was habe ich eigentlich von meinem **D**asein?" [...] Es war nun nicht etwa so, dass **H**err **F**usi etwas gegen ein **S**chwätzchen gehabt hätte. Er liebte es sogar sehr, den **K**unden weitläufig seine **A**nsichten auseinanderzusetzen und von ihnen zu hören, was sie darüber dachten. [...] Aber es gibt eben manchmal **A**ugenblicke, in denen alles kein **G**ewicht hat.

Das Genus

1 Maskulinum: der Tag, der Herr Fusi, der Laden, der Lehrjunge, der Regen, der Seifenschaum, der Kunde, der Augenblick
Femininum: die Tür, die Kundschaft, die Straße, die Seele, die Ansicht
Neutrum: das Wetter, das Leben, das Scherengeklapper, das Dasein, das Schwätzchen, das Gewicht

Seite 44

2 Der graue Herr nutzt **die** Situation des Friseurs aus. Der Mann von **der** Zeitsparkasse überzeugt Herrn Fusi, dass er zukünftig **die** Zeit sparen muss. Von nun an hat **der** Haarschneider es immer eilig, er redet nicht mehr mit **den** Leuten, denn er hat Angst, **die** Zeit zu verschwenden.

Der Numerus

1

Singular	**Plural**	**Singular**	**Plural**
der Kamm	die Kämme	der Gedanke	die Gedanken
die Bürste	die Bürsten	der Spiegel	die Spiegel
das Haar	die Haare	die Kundin	die Kundinnen
der Besucher	die Besucher	die Angst	die Ängste
die Zeit	die Zeiten	das Kind	die Kinder
der Herr	die Herren	der Friseur	die Friseure

Seite 45

2

der Spiegel	die Spiegel
das Dasein	X
der Laden	die Läden
das Geschwätz	X
das Wetter	X
die Hutablage	die Hutablagen
die Sonne	die Sonnen
der Regen	X
das Scherengeklapper	X

die Stühle	der Stuhl
die Kosten	X
die Herren	der Herr
die Ferien	X
die Möbel	das Möbel
die Einkünfte	X
die Scheren	die Schere
die Leute	X
die Eltern	X

3

nur im Singular: das Dasein, das Geschwätz, das Wetter, der Regen, das Scherengeklapper
nur im Plural: die Kosten, die Ferien, die Einkünfte, die Leute, die Eltern

Der Kasus

Seite 46

1

a) Wer? Nominativ
b) Wer? Nominativ
c) Wessen? Genitiv
d) Wem? Dativ
e) Wen? Akkusativ

2

a) Herr Fusi: Wer? Nominativ
b) den Kunden: Wem? Dativ
c) der Leute: Wessen? Genitiv
d) das Scherengeklapper: Was? Akkusativ
e) Die grauen Herren: Wer? Nominativ
f) den Friseur: Wen? Akkusativ
g) Herrn Fusi: Wem? Dativ
h) den grauen Herren: Wem? Dativ
i) des Friseurs: Wessen? Genitiv
j) die Zeit: Was? Akkusativ
k) Der arme Mann: Wer? Nominativ

Seite 47

3

der Kamm – des Kammes – dem Kamm – den Kamm
die Schere – der Schere – der Schere – die Schere
das Wasser – des Wassers – dem Wasser – das Wasser
die Haare – der Haare – den Haaren – die Haare

4

a) die Freunde	Nom. Pl.	Akk. Pl.
b) das Fest	Akk. Sg.	Nom. Sg.
c) des Mannes	Gen. Sg.	
d) der Leute	Gen. Pl.	
e) die Menschen	Akk. Pl.	Nom. Pl.
f) des Kindes	Gen. Sg.	
g) der Frau	Gen. Sg.	Dat. Sg.
h) die Fenster	Nom. Pl.	Akk. Pl.
i) dem Mann	Dat. Sg.	

Seite 47/48

5

a) die Ferien	Akk. Pl.
b) den Ferien	Dat. Pl.
c) dem Schreiben	Dat. Sg.
d) den sonnigen Tagen	Dat. Pl.
e) das Lesen	Akk. Sg.
f) der Zeitung	Dat. Sg.
g) der Arbeit	Dat. Sg.
h) dem Text	Dat. Sg.
i) den Kindern	Dat. Pl.
j) die Fortschritte	Akk. Pl.
k) den Abenden	Dat. Pl.

Seite 48

6

Dativ: bei, in, an, von, mit
Akkusativ: auf, durch

Seite 49

7

der Straßenkehrer Beppo	Mask. Nom. Sg.
die Zeit	Fem. Akk. Sg.
einer Schildkröte	Fem. Gen. Sg.
Momo	Fem. Akk. Sg.
die grauen Herren	Mask. Nom. Pl.
den Menschen	Mask. Dat. Pl.
die Geschichte	Fem. Akk. Sg.
des Mädchens	Neut. Gen. Sg.
viele Menschen	Mask. Nom. Pl.

8

a) falsch: T
b) falsch: H
c) richtig: E
d) falsch: A
e) richtig: T
f) richtig: E
g) falsch: R
Lösungswort: *Theater*

Pronomen deklinieren

Pronomen sind Stellvertreter für Substantive/Nomen

Seite 50

1 Marc Twain ist ein berühmter Autor. Er wurde 1835 im Süden der USA geboren. Bevor er Schriftsteller wurde, war er Journalist, Lotse und Goldgräber. Sein bekanntestes Buch heißt „Die Abenteuer des Tom Sawyer", es handelt von einem abenteuerlustigen Jungen, der viele Streiche ausheckt und dabei auch in Gefahr gerät.

2 Tom und sein Stiefbruder Sid leben bei Tante Polly. Sie hat häufig Probleme bei der Erziehung von ihnen, denn Tom stellt jede Menge Unfug an. Er erlebt viele Abenteuer, sie sind aber oft gefährlich und gefallen ihr nicht. Ihr größter Wunsch ist, dass er endlich so brav wird, wie es Sid ist, denn er macht ihr nur selten Sorgen.

Seite 51

3

a) „Immer gibst du mir die Schuld." 1. Ps. Sg. Dat.
b) „Du magst mich weniger als Sid." 1. Ps. Sg. Akk.
c) „Ich finde dich schrecklich gemein." 2. Ps. Sg. Akk.
d) „Ich möchte mit dir nicht streiten." 2. Ps. Sg. Dat.
e) „Mit ihm schimpfst du nie so sehr." 3. Ps. Sg. Dat.
f) „Ihn bevorzugst du immer." 3. Ps. Sg. Akk.
g) „Ich mag euch beide gleich gerne." 2. Ps. Pl. Akk.
h) „Aber Tom, du machst mir immer Kummer." 1. Ps. Sg. Dat.
i) „Wirst du uns in Zukunft nicht mehr enttäuschen?" 1. Ps. Pl. Akk.
j) Die Aussprache hat ihnen gut getan. 3. Ps. Pl. Dat.
k) „Das soll uns nicht mehr passieren", sagt Tom erleichtert. 1. Ps. Pl. Dat.

4 Toms Streiche – seine Streiche
Sids Bruder – sein Bruder
Toms und Sids Tante – ihre Tante
Beckys Verlobung – ihre Verlobung
Die Sorgen der Tante – ihre Sorgen

Seite 52

5

a) Er erlebt viele Abenteuer mit ihm.
b) Sie bestraft ihn, weil er ihre Hausregeln missachtet hat.
c) Sein Bruder Sid verrät ihr, wenn Tom etwas angestellt hat.
d) Einmal muss er den Zaun um ihren Garten streichen.
e) Er tut so, als ob die Arbeit großen Spaß machen würde.
f) Sie wollen den Zaun auch streichen.

6

a) Er gibt es ihm.
b) Ich will euch sehen.
c) Wir laden dich ein.
d) Sie gehen mit ihm/ihr zu dir.

Alle Pronomen im Überblick

Seite 53

1 Als ihre Mittagspause endlich kam, lief Tom auf Becky zu und flüsterte ihr ins Ohr: „Setz deinen Hut auf und tu so, als ob du nach Hause gehst, und wenn du an dieser Ecke bist, dann lass die anderen laufen und komm den Heckenweg zurück. Ich mach es auf der anderen Seite genauso." Die beiden gingen also jeder mit einem Haufen von Schulkindern davon und kurz darauf trafen sie sich am Ende jenes Heckenweges wieder. Als sie dann zusammen ihr Klassenzimmer betraten, gehörte es ihnen ganz allein. Sie setzten sich nebeneinander, nahmen jene Tafel und Tom gab Becky den Griffel, führte ihre Hand sorgsam mit seiner Hand und schuf ein neues erstaunliches Wunder von Haus. […] „Sag mal, Becky, warst du eigentlich schon mal verlobt?" „Was ist denn das?" „Na, verlobt – wenn man sich heiraten will." „Nee – nie." „Möchtest du gern mal?" „Hm, ja – ich weiß nicht. Wie macht man denn das?" „Wie man das macht? Och, ganz einfach! Du brauchst bloß 'nem Jungen zu sagen, du willst keinen anderen haben als ihn, nie und nie und nie und dann küsst du ihn und die Geschichte ist fertig. Das kann jedes Baby." „Sich küssen? Wozu denn?" „Ja, das muss man, weißt du – weil ... weil, na, weil sie es eben alle tun, das gehört dazu." „Ich glaube, ich will diesen Kuss nicht", meinte Becky zweifelnd.

2 Possessivpronomen:
ihre (Mittagspause), deinen (Hut), ihr (Klassenzimmer), ihre (Hand), seiner (Hand)
Demonstrativpronomen:
dieser (Ecke), jenes (Heckenweges), jene (Tafel), diesen (Kuss)

Seite 54

3

a) Was möchte Tom tun?
b) Wem hat Tom sein Herz geschenkt?
c) Wen möchte er heiraten?
d) Was antwortet Becky?
e) Wessen Verlobungsantrag nimmt sie an?

4 und 5

a) Mary, das Dienstmädchen, reichte Tom (Dat. Sg.) eine Blechschüssel und ein Stück Seife. Mary, das Dienstmädchen, reichte ihm eine Blechschüssel und ein Stück Seife.
b) Tom begab sich in den Hof, tauchte die Seife (Akk. Sg.) in die Schüssel. Tom begab sich in den Hof, tauchte sie in die Schüssel.
c) Er krempelte die Ärmel (Akk.Pl.) hoch und schüttete das Wasser (Akk. Sg.) aus. Er krempelte sie hoch und schüttete es aus.
d) Doch Tom (Nom. Sg.) konnte Mary (Dat. Sg.) nichts vormachen. Doch er konnte ihr nichts vormachen.
e) Das Dienstmädchen (Nom. Sg.) bemerkte den Schwindel (Akk. Sg.) sofort. Es bemerkte ihn sofort.

Seite 55

6 Was, Ich, meiner, sie, mir, diese, wir, dir, du, sie, ihn, Ich, euch, es, sie, ihn, sie, er

Gesamtübung II
Seite 56

1. wir werden
2. 2. Ps. Sg. Perfekt von essen
3. 3. Ps. Sg. Futur I von lachen
5. er/sie/es verließ
6. Genitiv
7. Akkusativ
8. ich schaffte (es)
9. 3. Ps. Pl. Futur von gewinnen
10. Genitiv
11. Infinitiv
12. Dativ
14. Genitiv Plural
15. die Kämme
16. Dativ Plural
17. Genitiv
18. Dativ Singular
19. sie sind angekommen
20. ihr lachtet
21. Nominativ oder Akkusativ Singular
22. Singular
24. 2. Ps. Pl. Perfekt von sagen
25. ich habe geniest
26. Genitiv
27. Akkusativ Singular
28. der Spiegel
30. Akkusativ
31. Nominativ Singular
32. er/sie/es sagte
33. 2. Ps.Pl. Perfekt von denken
34. Du hast gewonnen!

Sätze gliedern den Text
Sätze drücken Botschaften aus
Seite 57

1 Liebe Meike, ich habe dich heute in der Pause nicht gesehen. Deswegen schreibe ich dir, denn ich wollte dich fragen, ob du heute mit mir ins Kino gehst. Willst du? Bis nachher! Lars

3 Meike entschuldigt sich bei dem Freund.
Lars hat sich ebenfalls verspätet.
Beide wollen noch in den Kinofilm gehen.

4

a) Ich habe den Bus verpasst.
b) Ich bin völlig aus der Puste
c) Ich bin/war selber zu spät.
d) Hast du schon Karten gekauft?

Der Aussagesatz
Der Stellungsplan des Hauptsatzes
Seite 58

1 **Jedes Kind** kennt die Namen der Entdecker neuer Kontinente und Länder. **Sie** interessieren sich noch heute für die abenteuerlichen Reisen vergangener Zeiten. **Marco Polo** reiste 1270 auf dem Landweg nach China. **Er** begleitete seinen Vater Nicolo auf dieser Reise. Später schrieb **Marco Polo** zusammen mit dem Schriftsteller Rustichello während eines Aufenthaltes in Europa einen Reisebericht über den Fernen Osten.

2 Nicolo segelte mit seinem Sohn auf einem Schiff.
Sie reisten nach China.
Dies geschah im Jahr 1270.
Marco Polo und Rustichello schrieben darüber einen Reisebericht.

Seite 59

3 und 4

Marco Polo: Ich **reiste** nach China, als ich noch ein Junge war. Seitdem **faszinierte** mich die fremde Kultur. Ich **blieb** deswegen lange dort. Nach Venedig **kehrte** ich **zurück**, da ich meine Heimat vermisste. Die Kaufleute **interessierten** sich für meine Erzählungen, weil sich dadurch neue Handelsmöglichkeiten ergaben.
Vasco da Gama: Im Jahr 1497 **segelte** ich von Lissabon nach Indien, wobei ich vielen Gefahren ausgesetzt war.
Bei meiner Heimkehr **bereitete** man mir einen triumphalen Empfang, obwohl ich nur einige Gewürzproben mitbrachte.
Einige Jahre später **brach** ich wieder nach Indien **auf**, als sich eine günstige Gelegenheiten dazu bot.
Christoph Kolumbus: Bereits mit 14 Jahren **fuhr** ich zur See,

weil ich das Abenteuer liebte. Ich **wollte** China und Indien auf der Westroute **erreichen**. Ich **war** davon **überzeugt**, dass dieser Weg kürzer ist. Die Einwohner der entdeckten Inseln **nannte** ich Indianer, da ich sie für die Bewohner Indiens hielt.

Zweiteilige Prädikate

Seite 60

1 Einteiliges Prädikat: Er liest, Sie versuchen, Wir lachen, Ihr überredet, Es entdeckt
Mehrteiliges Prädikat: Sie liest vor, Er schläft ein, Wir fahren ab, Ihr brecht auf, Ich sperre ein

2

a) Kolumbus reiste vier Mal nach Amerika. *reisen*
b) Er brach bei seiner ersten Fahrt mit drei Schiffen auf. *aufbrechen*
c) Nach etwas über zwei Monaten entdeckten sie eine Insel, sie gaben ihr den Namen „San Salvador". *entdecken, geben*
d) Die Seeleute fürchteten die Gefahren. *fürchten*
e) Das Schiff „Santa Maria" ging im Meer unter. *untergehen*
f) Im März 1493 kehrte Kolumbus mit nur noch zwei Schiffen zurück. *zurückkehren*

Seite 61

3

g) Die nächste Reise trat Kolumbus mit 17 Schiffen und 15000 Menschen an. *antreten*
h) Kolumbus stritt bei seinem dritten Aufenthalt auf den Inseln mit den Siedlern. *streiten*
i) Ein Gouverneur löste ihn schließlich ab. *ablösen*
j) Und er kehrte als Gefangener der Spanier zurück. *zurückkehren*
k) Auf seiner letzten Fahrt gelangte er nach Mittelamerika. *gelangen*
l) Er gab seinen Plan nicht auf, den kürzesten Weg nach Indien zu finden. *aufgeben, finden*

Wie Satzreihen entstehen

Seite 61

1

a) Viele Entdecker waren mutige Seemänner, denn sie hatten keine Angst vor den Gefahren.
b) Sie waren neugierig auf fremde Länder und sie konnten andere für ihre Ideen begeistern.
c) Sie waren gut für ihre Fahrten gerüstet, aber nicht jedes Schiff erreichte sein Ziel.

Seite 62

2 und 3 Kolumbus gab seinen Traum nicht auf, sondern suchte weiter den Weg nach Indien.
Viele Seeleute starben auf See oder sie wurden Opfer tropischer Krankheiten an Land.
Viele wollten bei den Fahrten dabei sein, denn die Händler profitierten sehr.
Die Siedler wollten das Gold der Einheimischen, aber die Einheimischen litten unter den Siedlern.

Der Nebensatz

Haupt- und Nebensätze unterscheiden

Seite 62/63

1 und 2 „Um zwei Uhr morgens **kam** das Land in Sicht, von dem wir etwa acht Seemeilen entfernt **waren**. Wir **holten** alle kleinen Segel ein, sodass wir nur mit dem Großsegel **fuhren**. Dann **lagen** wir und **warteten** bis zum Anbruch des Tages, bis die Sonne **aufging**. Wir **gelangten** zu einer Insel, die in der Indianersprache „Guanahani" **hieß**. Dort **erblickten** wir allsogleich nackte Eingeborene. Ich **begab** mich mit Martin Alonso Pinzon und dessen Bruder Vincente Yañez, dem Kapitän der Niña, an Bord eines mit Waffen versehenen Bootes an Land. Dort **entfaltete** ich die königliche Flagge."

3 Nebensätze erkennt man daran, dass...
sie mit Konjunktionen eingeleitet werden.
(damit sie gut vorbereitet ist.)
das Prädikat am Ende steht,
(damit sie gut vorbereitet ist.)
sie durch Kommas vom Hauptsatz getrennt werden.
(Damit sie gut vorbereitet ist, lernt sie fleißig.)

4 und 5

a) Lisa interessiert sich für Indianer, weil sie schon einmal in Amerika war.
b) Sie hält ein Referat darüber in der Schule, nachdem sie dem Lehrer von ihrem Hobby erzählte.
c) Sie liest viel über die indianische Geschichte, damit sie gut vorbereitet ist.
d) Die Kinder stellen ihr viele Fragen, da sie Lisas Referat spannend finden.
e) Am Ende sehen sie einen Film, damit sie Eindrücke vom Leben der Indianer heute haben.

Der Stellungsplan des Nebensatzes

Seite 64

1

a) NS + HS
b) HS + NS
c) HS + NS + HS

2 und 3

a) Im Altertum **segelte** man meist nahe der Küste, weil es noch keine genauen Seekarten **gab**.
b) Nachdem sich die ersten Seekarten des Mittelmeers im 14. Jahrhundert **verbreitet hatten**, **konnten** Steuermänner den Kurs ihrer Schiffe besser bestimmen.
c) Während man also in bekannten Gebieten auf Karten **zurückgreifen konnte**, **hatte** Kolumbus nur einen Kompass zur Verfügung.
d) Er **bestimmte** die Fahrtrichtung, nachdem er die täglich zurückgelegte Entfernung **berechnet hatte**, mit einem Kompass.

e) Manche Karten waren, da die Zeichner oft ihrer Phantasie freien Lauf **ließen**, recht ungenau.
f) Gerhardus Mercator **wurde** sehr berühmt, da er die Erdkrümmung für die Seeleute berechenbar **machte**.
g) Als die Seeleute die Berechnung **verwendeten**, konnten sie die Krümmung der Erde auf ihre Karten übertragen.

Seite 65

4

a) NS + HS: Weil sie spannend ist, interessieren sich viele Kinder für die Geschichte der Seefahrt.
b) HS + NS: Paul will unbedingt Matrose werden, nachdem er ein Buch über Seefahrt gelesen hat.
c) NS + HS: Weil er leicht seekrank wird, möchte Thomas niemals Matrose werden.
d) Fragesatz + NS: Möchtest du zur See fahren, wenn du einmal groß bist?

5

a) Nebensätze haben immer ein Prädikat.
b) Nebensätze werden immer durch Konjunktionen eingeleitet.
c) Nebensätze enden immer mit dem Prädikat.
d) Nebensätze werden vom Hauptsatz immer durch ein Komma getrennt.

Der Fragesatz
Die Ergänzungs- oder Auskunftsfrage
Seite 66

1 a-4, b-5, c-2, d-7, e-8, f-3, g-1, h-9, i-6

Seite 66/67

2 und 3

Fragepronomen: welche, wer, wen, welcher, wessen, wem
Frageadverbien: wann, wie, warum, weshalb, wieso, wohin, wodurch

Die Entscheidungsfrage
Seite 67

1 Tim: Haben die Indianer eine eigene Religion?
Susanne: Kennst du einen Indianer?
Moritz: Gibt es noch immer Menschen, die in Zelten leben?
Alexandra: Kannst du mir ein Buch zu diesem Thema empfehlen?

2 Entscheidungsfragen:
b) Bist du der Besitzer dieses Autos?
c) Hast du Hunger?
d) Willst du Schokolade?
Auskunftsfragen:
b) Wer ist der Besitzer dieses Autos?
c) Wer hat Hunger?
d) Wer möchte Schokolade?

Seite 68

3

a) **Hast** du viel zu diesem Thema **gelesen**?
b) **Möchtest** du nach Amerika **reisen**?
c) **Kann** ich euch das Referat einmal **vortragen**?
d) **Warst** du bei deinem Vortrag **aufgeregt**?
e) **Hat** dir jemand bei deinem Referat **geholfen**?
f) **Hast** du schon Indianerbücher auf Englisch **gelesen**?

Der Aufforderungssatz
Aufforderungen auf verschiedene Weise ausdrücken
Seite 68

1 und 2

a) Kann ich das Seil haben? Frage
b) Gib mir bitte das Seil! Bitte
c) Ich möchte das Seil haben. Aussage
d) Gib mir das Seil! Aufforderung
e) Gib mir sofort das Seil! Befehl

Seite 69

3

a) Lies aus dem Buch vor! Lest aus dem Buch vor!
b) Setze die Segel! Setzt die Segel!
c) Geh an Land! Geht an Land!

4

a) Bring dem Kapitän sofort das Essen!
b) Setze/Setzt bitte die Segel! (*Bitte*)
Setzt du/ihr bitte die Segel? (*Frage*)
c) Geht bitte an Land! (*Aufforderung*)
Geht sofort an Land! (*Befehl*)
d) Machst du/macht ihr bitte die Leinen los?

Gesamtübung III
Seite 70

1 und 2

Susanne: Habt ihr noch Fragen? *Entscheidungsfrage*
Ich zeige euch noch eine Seite aus dem Logbuch von Kolumbus. *Aussage*
Lehrerin: Wir danken dir für deinen Vortrag. *Aussage*
Wer möchte noch Susanne noch eine Frage stellen? *Auskunftsfrage*
Schüler 1: Das hast du gut gemacht. *Aussage*
Schüler 2: Ich finde das Thema aber langweilig. *Aussage*
Schüler 3 zu 4: Wo sind meine Taschentücher? *Auskunftsfrage*
Hast du eines für mich? *Entscheidungsfrage*
Schüler 4 zu 3: Natürlich kannst du eins haben. *Aussage*
Hast du Schnupfen? *Entscheidungsfrage*

Seite 70/71

3

a) Aussage: Der Schiffsjunge setzt die Segel.
Entscheidungsfrage: Setzt der Schiffsjunge die Segel?
Auskunftsfrage: Wer setzt die Segel?
Aufforderung: Schiffsjunge, setze die Segel!
Bitte/Frage: Würdest du bitte die Segel setzen?

b) Aussage: Ihr geht an Land.
Entscheidungsfrage: Geht ihr an Land?
Auskunftsfrage: Wer geht an Land?
Aufforderung: Geht an Land!
Bitte / Frage: Würdet ihr bitte an Land gehen?

4
a) richtig
b) falsch
c) richtig
d) falsch
e) richtig
f) falsch
g) richtig
h) richtig

5 (Hauptsätze = doppelt unterstrichen, Nebensätze = einfach unterstrichen)
Zur Zeit der Entdeckungen **war** die Essenszubereitung an Bord sehr schwer, denn es **gab** nur schlechte Lagermöglichkeiten für die Nahrungsmittel. Das wichtigste Nahrungsmittel **waren** der Schiffszwieback und Pökelfleisch. In den ersten Tagen **gab** es auch noch Gemüse, wenn aber die Reise länger **dauerte**, **wurden** frische Lebensmittel knapp. Der Vitaminmangel **führte** häufig zu einer Krankheit namens Skorbut, die man daran **erkannte**, dass den Kranken die Zähne **ausfielen**. Der Smutje **war** ein wichtiger Mann an Bord, weil er durch gute Lagerhaltung und gute Kochkünste für ein wenig Abwechslung in der kargen Seemannskost sorgen **konnte**. Heute **kann** man den Seeleuten durch Tiefkühltruhen viel gesünderes Essen bieten, deshalb **ist** Skorbut unter den Seeleuten auch keine gefürchtete Krankheit mehr.

Subjekt und Prädikat
Das Subjekt gehört in jeden Satz
Seite 72
1
b) Wer spielt am liebsten Fußball? Ludwig spielt am liebsten Fußball.
c) Wer spielt in derselben Mannschaft? Ludwigs bester Freund spielt in derselben Mannschaft.
d) Wer geht oft ins Schwimmbad? Sie gehen oft ins Schwimmbad.

Seite 73
2
a) Wer interessiert sich für Fische? Anna interessiert sich für Fische.
b) Wer geht in Annas Klasse? Ihre Freundin Sandra geht in Annas Klasse.
c) Wer hat ähnliche Hobbys? Die beiden haben ähnliche Hobbys.
d) Wer trifft sich am liebsten jeden Tag? Sie treffen sich am liebsten jeden Tag.

Seite 74
3 In der Schule sitzen Marc und Ludwig nebeneinander. Sie tauschen Bücher aus und sind gute Freunde. Ludwigs Schwester heißt Anna, die beiden sind Zwillinge. An den Nachmittagen treffen sich die Freunde zum Spielen. Auch Annas Freundin Sandra gehört dazu. Die Zauberei ist Sandras größtes Hobby, täglich übt sie mit ihrem neuen Zauberkoffer. Zu besonderen Anlässen führt sie den Freunden etwas vor.

Prädikate sagen, was geschieht
1 und 2 Zum Geburtstag schenkt Anna ihrer Freundin Sandra einen Goldfisch. Er soll Merlin heißen, denn Sandras großes Vorbild ist der Zauberer Merlin. Zu Weihnachten wünscht sich Sandra noch einen Fisch, damit Merlin nicht alleine ist. Sie hat auch schon einen Namen ausgesucht, der zweite Fisch soll dann Nemo heißen. Von ihrer Freundin lernt Sandra, wie man ein Aquarium reinigt.

3 Zuerst hole ich die Fische aus dem Aquarium, dazu verwende/benutze ich einen Kescher. Ich nehme dann alle Pflanzen und Steine aus dem Glas, den alten Sand tausche ich gegen neuen aus. Ich benutze/verwende kein Spülmittel zur Reinigung, weil das für meine Fische schädlich ist. Zum Schluss setze ich die Fische wieder ins Wasser und sehe ihnen beim Schwimmen zu.

Seite 75
4 Die beiden Mädchen beobachten die Fische, während die Tiere Futter bekommen. „Fütterst du sie jeden Tag?“, fragt Sandra ihre Freundin neugierig. „Selbstverständlich“, antwortet Anna, „deswegen bringe ich sie zu meiner Oma, wenn wir nicht zu Hause sind.

Die Objekte
Objekte erkennen
1 Ludwig und Marc / spielen / Fußball. (3)
Sein Freund / erklärt / ihm / die Regeln. (4)
Ludwig / schießt / Marc / den Ball / zu. (4)
Marc / trifft / das Tor. (3)
Seine Mitspieler / gratulieren / ihm. (3)

Das Dativobjekt
1 Ich gebe **ihm** einen Rat. Er läuft **ihm** hinterher. Sie sieht **ihr** nach. Ich glaube **dir**. Er erzählt **mir** eine Geschichte.

Seite 76
2
a) Wem sollst du das Buch leihen? Mir.
b) Wem soll ich den Autor nennen? Ihr.
c) Wem wollen wir das Buch schenken? Ludwig.
d) Wem hast du schon davon erzählt? Ihm.
e) Wem könnte das Buch auch gefallen? Anna.
f) Wem schenken wir einen Büchergutschein? Ihnen.
g) Wem gefällt das sicher? Den beiden/Ihnen.

Seite 76/77

3 Anna und Ludwig (S) feierten (P) ihren Geburtstag mit vielen Freunden (DO). Sie (S) brachten (P1) ihnen (DO) eine große Überraschung mit (P2). Die Gäste (S) hatten (P1) ihnen (DO) eine riesige Torte gebacken (P2). Die beiden (S) gaben (P) allen (DO) ein Stück davon. Danach zauberte (P1) Sandra (S) den Geburtstagskindern (DO) etwas vor (P2) und alle (S) applaudierten (P) ihr (DO) nachher. Nach langem Bitten hat (P1) sie (S) ihren Zuschauern (DO) einen kleinen Trick verraten (P2). Auch die Eltern von Anna und Ludwig (S) hatten (P) noch eine Überraschung für die Geburtstagsgesellschaft. Sie (S) schenkten (P) allen Kindern (DO) eine Eintrittskarte für den Zirkus. Das (S) gefiel (P) den Geschwistern (DO) sehr, denn die Artisten (S) führten (P1) ihnen (DO) unglaubliche Kunststücke vor (P2). Der Zauberer aus dem Zirkus (S) verriet (P) aber niemandem (DO) seine Geheimnisse.

Das Akkusativobjekt

1 Ich habe **das Buch** an einem Tag gelesen. Ich möchte auch **den Film** zum Buch ansehen. Hast du **ihn** schon gesehen? Nein, denn ich finde **das Lesen von Büchern** spannender.

Seite 77/78

2

a) Wen mochtest du am liebsten? Den Clown.
b) Was hat er mit den Zuschauern gemacht? Lustige Späße.
c) Wen bat er, in die Manege zu kommen? Mich.
d) Wen fandest du auch toll? Die Akrobaten.
e) Was würdest du dich niemals trauen? Solche Kunststücke.
f) Was hatten Mama und Papa? Einen tollen Einfall.
g) Wen haben wir? Die besten Eltern der Welt.

3 Die Zuschauer (S) / bewundern (P) / die Zirkusakrobaten (AO). Die Akrobaten (S) / brauchen (P)/ viel Konzentration und gute Nerven (AO). Nach der Vorführung / erhalten (P) / sie (S) / viel Beifall (AO). Die Zirkusgäste (S) / genießen (P) / die aufregende Atmosphäre (AO) / im Zirkus. Viele Kinder (S) / wollen (P1) / später / Artist oder Clown / werden (P2).

Die Objekte im Überblick

1 Ludwig (Subjekt) spielt (Prädikat) Fußball (Akkusativobjekt). Er (Subjekt) schießt (Prädikat) viele Tore (Akkusativobjekt). Seine Freunde (Subjekt) feuern (Prädikat 1) ihn (Akkusativobjekt) an (Prädikat 2).

Seite 79

2 Sie / begrüßen / ihn / am Bahnhof /stürmisch.
Ihn / begrüßen / sie / am Bahnhof / stürmisch.
Stürmisch / begrüßen / sie / ihn / am Bahnhof.

3 Die Großmutter / drückt / ihm / einen dicken Kuss / auf die Wange / und / ein / Überraschungsgeschenk / in die Hand. Sie / hat / Marc / ein Ferientagebuch / geschenkt /, in dem / er / alle Erlebnisse / aufschreiben kann. Auf dem Hof ange-langt / begrüßt / Marc / zuerst / die neugeborenen Ferkel / im Stall. Eines der kleinen Ferkel / wird / von seiner Mutter / nicht akzeptiert. Marc / pflegt / das mutterlose Tier / gern. Er / gibt / dem Winzling / den Namen „Babe“. Er / schließt / Babe / sofort / in sein Herz / und / gibt / dem Ferkel / nun mehrmals am Tag / die Flasche. Nach drei Wochen / sind / die Ferien / allerdings / vorüber / und / Marc / muss / nach Hause / fahren. Marcs Großeltern / versprechen / dem Enkel / , dass / sie / sich / um das kleine Schweinchen / kümmern / denn schließlich / kann / er / es / nicht mit zu seinen Eltern nehmen.

4 Dativobjekt: ihm, Marc, dem Winzling, dem Ferkel, dem Enkel
Akkusativobjekt: einen dicken Kuss, ein Überraschungsgeschenk, alle Erlebnisse, die neugeborenen Ferkel, den Namen „Babe“, Babe, die Flasche, es

Die Adverbialien
Adverbialien bezeichnen die Umstände eines Geschehens
Seite 80

1

a) Marcs Großeltern leben auf einem Bauernhof.
b) Er besucht sie während der Ferien.
c) Wegen der Tiere ist er gerne bei ihnen.
d) Er hilft seinem Opa eifrig bei der Arbeit.
e) Von der Arbeit ist Marc dann sehr müde.
f) Am nächsten Morgen kann er es kaum erwarten, bis es wieder losgeht.
g) Im Hühnerstall ist er weniger gerne, denn er fürchtet sich etwas vor den pickenden Hühnerschnäbeln.

2 Wann/Wie lange?: während der Ferien, am nächsten Morgen
Wo?: auf einem Bauernhof, im Hühnerstall
Warum?: wegen der Tiere, von der Arbeit
Wie?: eifrig, weniger gerne

Adverbialien sind einzelne Wörter oder präpositionale Wendungen
Seite 81

1 Im Bett / liest / Marc / vor dem Einschlafen / gerne / noch einen Krimi. Danach / kann / er / wegen der vielen unheimlichen Geräusche / kaum / einschlafen. Nach Mitternacht / fallen / ihm schließlich / die Augen / zu. Am nächsten Abend / liest / er / keinen Krimi / im Bett.

2

Inhalt	Einzelwort	Präpositionaler Ausdruck
Zeit	dauernd, immer, gestern	am nächsten Morgen, während des Tages
Ort	dort, hier	in der Schule, auf dem Hof
Grund	deswegen	aus Langeweile, vor Freude, vor Kälte
Art und Weise	fröhlich, aufgeregt	mit Freunden, mit Freude

Seite 82

3

Ich komme gerne	wie?	Art und Weise
mit dem Bus	wie?	Art und Weise
pünktlich	wann?	Zeit
in den Park	wohin?	Ort

4

Musterstadt, den 11.11.0000
Sehr geehrte Frau Müller,
Ich bitte Sie, das Fehlen meines Sohnes Ludwig am heutigen Tag zu entschuldigen.
Er kann wegen einer Erkältung leider nicht zur Schule kommen. Den versäumten Unterrichtsstoff wird er gewissenhaft nachholen.
Freundliche Grüße
Marie Heffner

Zeit:	am heutigen Tag
Ort:	zur Schule
Grund:	wegen einer Erkältung
Art und Weise:	leider, gewissenhaft

Gesamtübung IV

Seite 83/84

a) Die Freunde verabreden sich am Nachmittag zum Volleyballspielen.
Subjekt: Wer oder Was?

b) Ludwig spielt aber lieber Fußball.
Adverbiale (modal) gibt die Art und Weise an: Wie?

c) Sie treffen sich vor der Sporthalle.
Adverbiale (lokal) gibt den Ort an: Wo?

d) Marc hat den Ball vergessen.
Akkusativobjekt: Wen oder Was?

e) Wieder vor der Halle beginnen die Freunde ein Spiel.
Prädikat gibt die Handlung an: Was geschieht?

f) Anna spielt Sandra den Ball zu.
Dativobjekt: Wem?

g) Sandra verpasst den Ball und fällt auf den Boden.
Adverbiale (lokal) gibt den Ort an: Wohin?

h) Zum Glück hat sie sich nicht wehgetan.
Prädikat es lassen sich Zeiten bilden: Perfekt

i) Am Ende gewinnt Marcs Mannschaft haushoch gegen die anderen.
Adverbiale (modal) Art und Weise: Wie?

j) Die Verlierer gratulieren den Gewinnern großherzig.
Dativobjekt: Wem?

k) Denn (1) beim nächsten Spiel kann (2) alles schon ganz anders aussehen.
(1) **Adverbiale (temporal)** gibt die Zeit an: Wann?
(2) **Subjekt:** Wer oder Was?

l) Zufrieden gehen die Kinder nach Hause.
Subjekt: Wer oder Was?

m) Sie haben heute einen wunderbaren Nachmittag verbracht.
Prädikat es lassen sich Zeiten bilden: Perfekt

Direkte Rede erkennen und Sprecher identifizieren

Seite 85

1 Sid schnarchte weiter. Da wurde Tom ärgerlich. „Sid, Sid, Sid", (Tom) schrie er und gab ihm einen Stoß. Das wirkte – und nun ging das Stöhnen von Neuem los. Sid gähnte, reckte sich, stützte sich knurrend auf den Ellbogen und starrte zu Tom hinüber. Der stöhnte weiter. „Was hast du denn, Tom?",(Sid) rief er. Keine Antwort. „Tom, hör doch, was ist denn los?" (Sid) Und er rüttelte ihn und sah ihm angstvoll ins Gesicht. Tom jammerte: „Ach Sid, lass los, stoß mich doch nicht so." (Tom) „Ja, was ist denn, Tom? Soll ich die Tante rufen?" (Sid) „Nein, bloß nicht! Es wird schon vorübergehen. Nicht rufen." (Tom) „Aber ich muss doch, Tom. Stöhn doch bloß nicht so, das ist ja fürchterlich! Wie lange dauert das denn schon?" (Sid) „Stundenlang! Autsch! Wackel doch nicht so, du bringst mich ja um." (Tom) „Warum hast du mich denn nicht schon früher geweckt?" (Sid) „Ich verzeih dir alles, Sid, was du mir mal angetan hast. Alles, alles, Sid. Wenn ich tot bin ..." (Tom)

2 Sid flog die Treppe hinunter und **schrie**: „Tante Polly, Tante Polly, komm schnell, Tom stirbt." „ Stirbt?", **fragte** sie erstaunt. „Ja doch, komm schnell!" „Ach Unsinn, wer das glaubt", **meinte** sie skeptisch. Trotzdem stürzte sie die Treppe hinauf, Sid und Mary hinterher; und ihr Gesicht war ganz weiß und ihre Lippen zitterten. Als sie am Bett stand, **keuchte** sie: „Tom, was gibt 's denn, was ist los?"

Seite 86

3 „Ach, Tante, ich ...", setzte Tom an. „Was gibt 's denn – sag doch nur, Kind, was fehlt dir?" „ Ach, Tante, ich ... ich ... mein schlimmer Zeh tut so schrecklich weh – ich glaub ... er ... ich glaub ... ich hab eine Blutvergiftung." Die arme alte Tante sank in einen Stuhl, lachte ein bisschen, weinte ein bisschen, tat dann beides zusammen, was ihr soviel Erleichterung verschaffte, dass sie wieder Worte fand: „Tom Bengel, wie hast du mich erschreckt. Jetzt aber genug mit dem Unsinn und mach, dass du aus dem Bett kommst."

Die Zeichensetzung bei der direkten Rede

4

Tom sagte: „Ich habe eine Blutvergiftung."
Die Tante rief: „Ach du meine Güte!"
Tom fuhr fort: „Ich habe auch schlimme Schmerzen."
„Ich sterbe!", rief Tom dramatisch.
„Bist du sicher?", fragte Sid besorgt.
„Ich glaube schon", meinte Tom.
„Du hast mir", meinte Tante Polly, „einen großen Schrecken eingejagt."
„Ich bin sehr krank", erwiderte Tom. „Warum glaubst du mir nicht?"

